A Philip, Ronan et Solenn

Merci à Josette Grandazzi et Joëlle Leblond

49, rue Etienne-Marcel, 75001 Paris

ISBN : 2-7118-3905-2
JA 10 3905

Caroline Desnoëttes

la peinture au fil du temps

Réunion
des Musées
Nationaux

du Ier au Ve siècle

La Gaule est une province
de l'Empire romain conquise par Jules César
(102-44 av. J.-C.), au cours de la guerre
des Gaules (58-51 av. J.-C.).
La civilisation romaine s'impose
sur tout le territoire. Les empereurs
et les guerres se succèdent.
À partir du IIIe siècle après Jésus-Christ,
le pouvoir central est affaibli.
En 406, la Gaule romaine est envahie
par des peuples barbares.
À sa chute, en 476,
l'empire romain d'Occident est divisé
en plusieurs royaumes barbares.

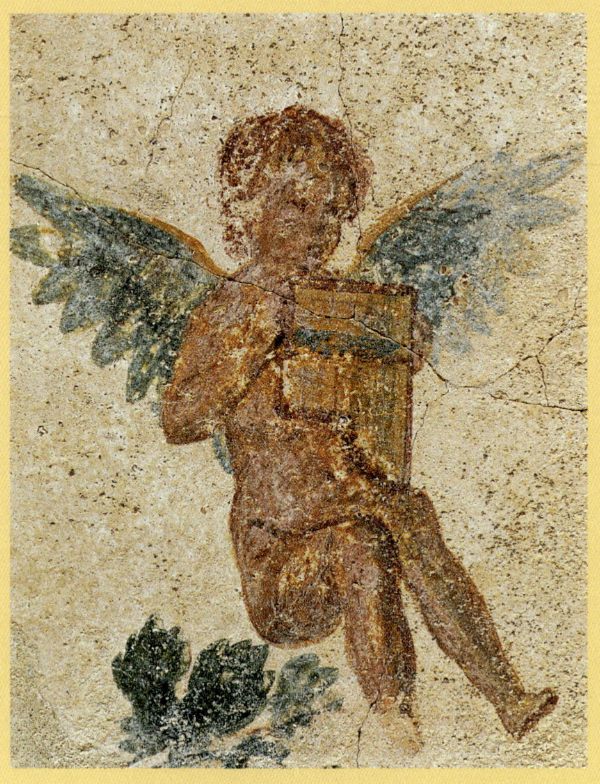

Anonyme

Eros musicien
Pompéi (?), 15-62 après J.-C.
Fragment de fresque, 23 cm x 18,5 cm
Paris, musée du Louvre

...Les peintures romaines et gallo-romaines qui ont résisté aux ravages du temps, sont des fragments de fresques et des œuvres peintes à la cire sur des morceaux de bois ou de toile...

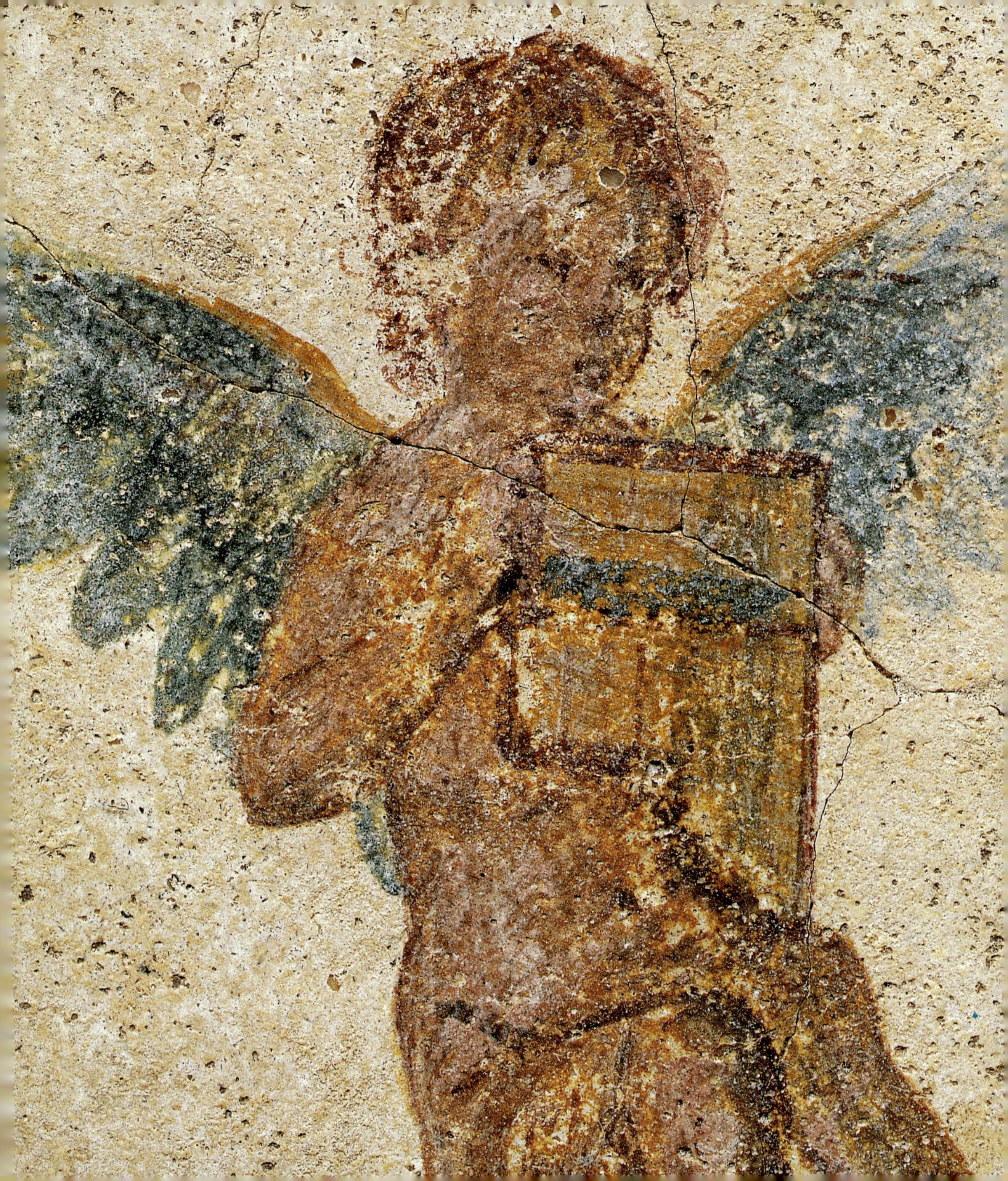

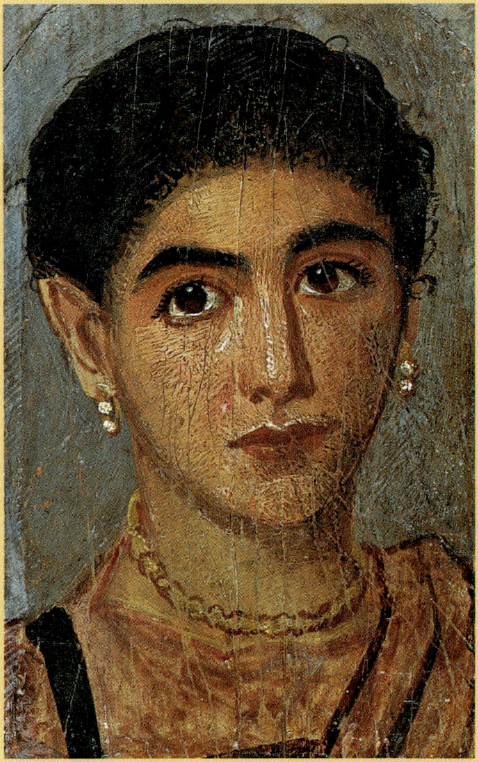

Anonyme

Portrait de jeune femme
Portrait du Fayoum, vers 161-180 après J.-C.
Peinture à la cire sur bois, 33 cm x 20 cm
Paris, musée du Louvre

...Le peintre utilise des pigments de couleur extraits de plantes, de minéraux ou d'animaux. Il les mélange avec différents liants : la cire, l'œuf ou l'eau, selon les supports...

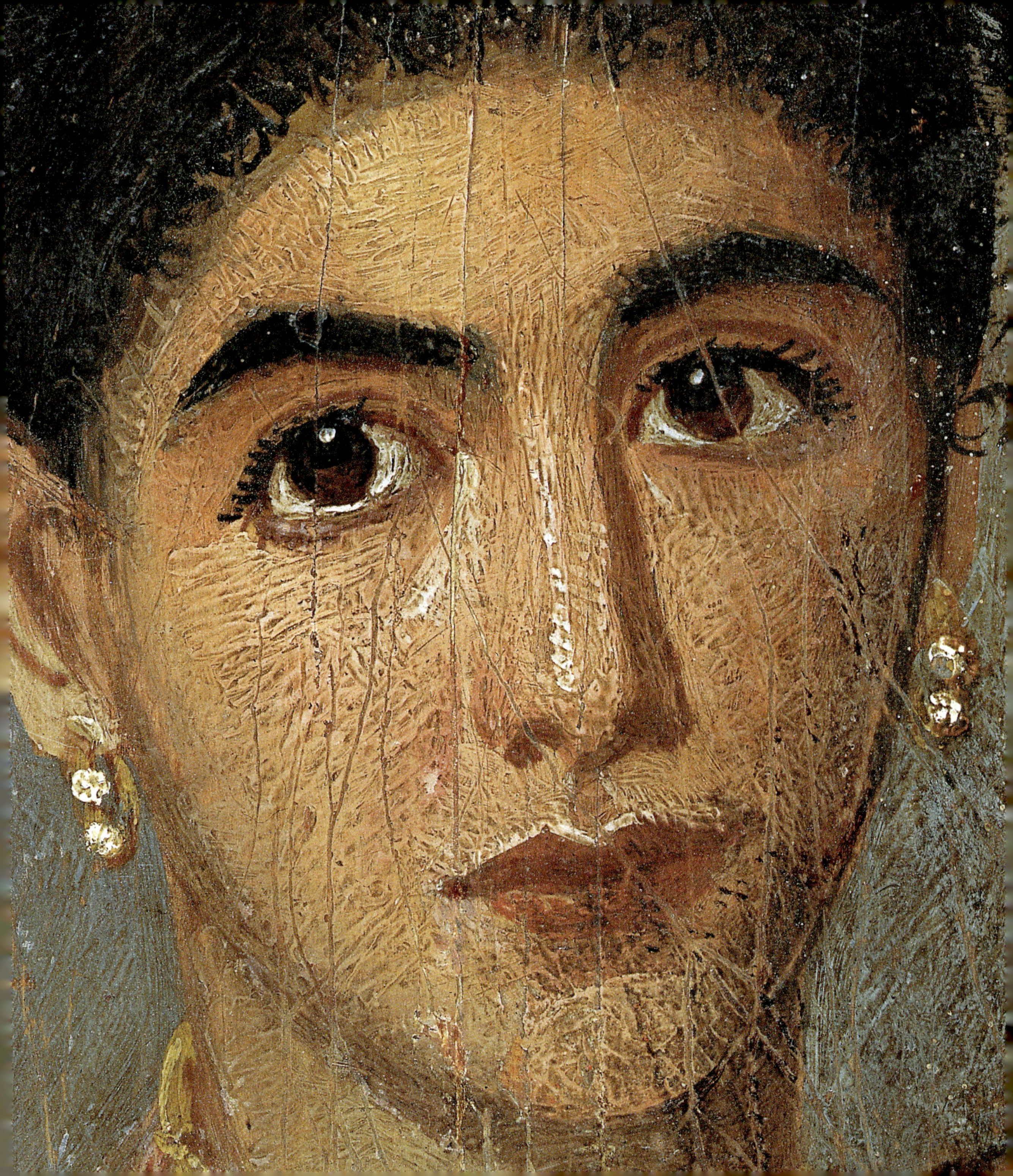

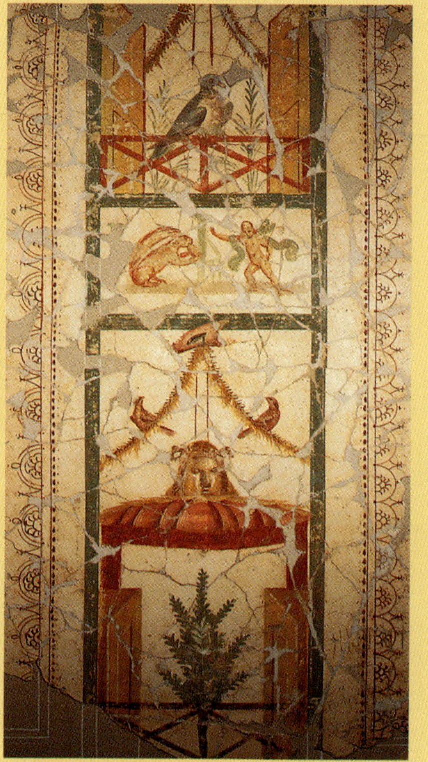

Anonyme

Fenêtre s'ouvrant sur un jardin
Clos de la Lombarde, maison à portiques, fin du I[e] siècle après J.-C.
Peinture à fresque, 205 cm x 153 cm
Narbonne, musée archéologique

...La fresque est une peinture réalisée sur un mur recouvert d'un enduit humide, qui, en séchant, fixe les couleurs. Le peintre doit travailler vite et sans retouches, avant que le mur soit sec...

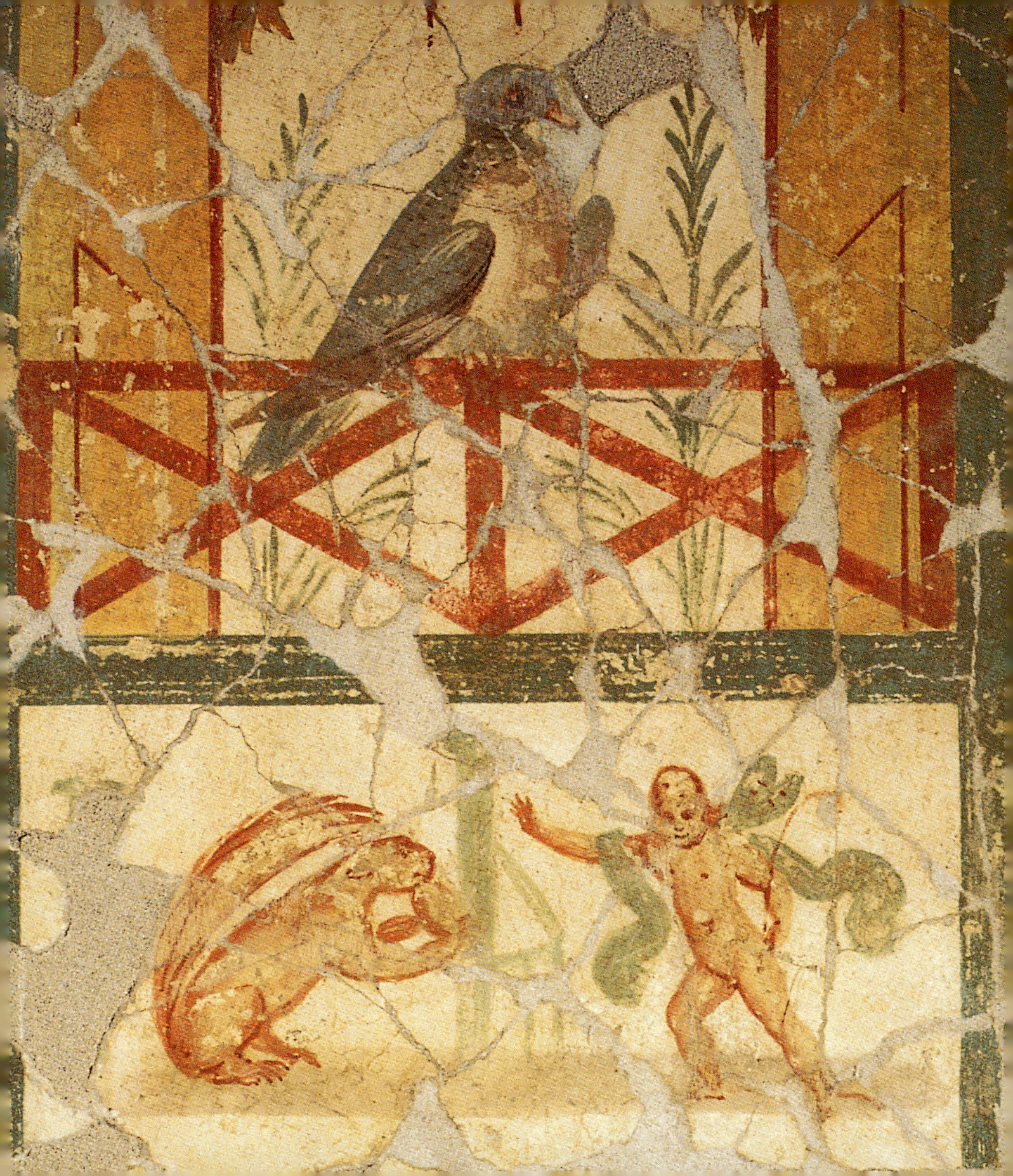

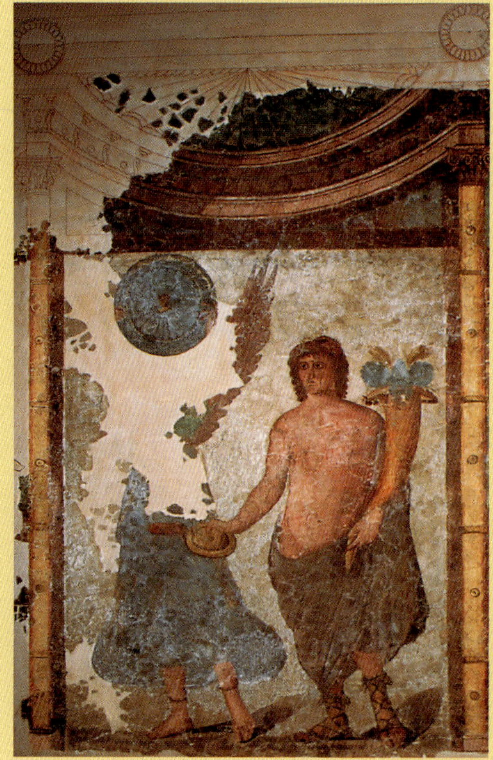

Anonyme

Peinture au Génie

Clos de la Lombarde, maison à portiques, seconde moitié du IIe siècle après J.-C.
Peinture à fresque, 320 cm x 200 cm
Narbonne, musée archéologique

...Ces œuvres nous montrent l'attachement qu'avaient les artistes à figurer la vie de façon simple, sensible et colorée. Elles expriment malgré leur fragilité une grande émotion artistique.

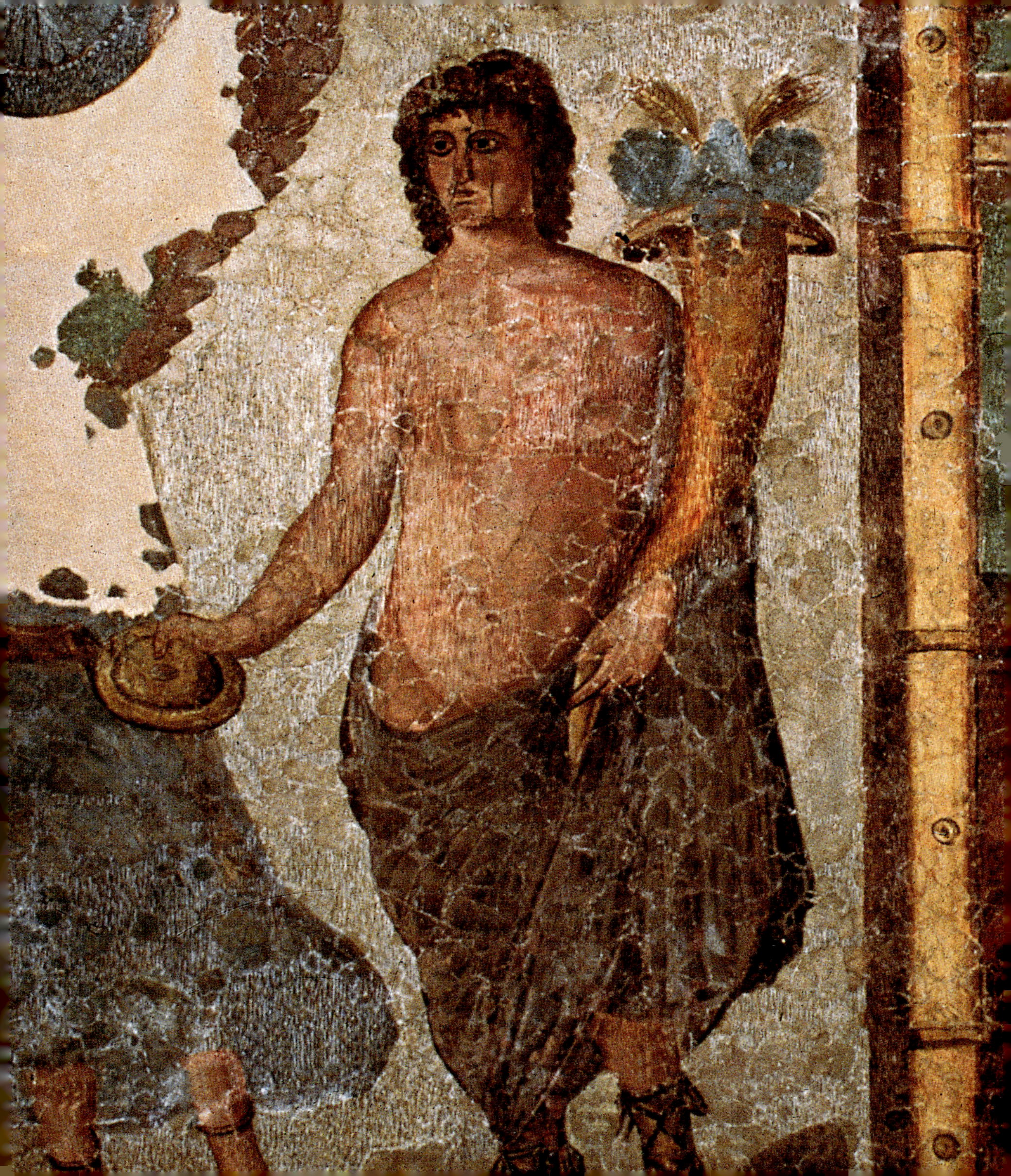

du Ve au Xe siècle

Les Francs, peuple barbare, envahissent la Gaule romaine entre 430 et 450. Leur chef, Clovis (466-511), devient le premier roi chrétien en 496. Avec lui débute la dynastie mérovingienne. En 732, Charles Martel arrête les arabes à Poitiers ; son petit-fils Charlemagne (747-814) accède au trône en 768. La dynastie carolingienne règne pendant deux siècles. Charlemagne fonde l'Empire chrétien : en 800, il est couronné empereur d'Occident. L'empire carolingien est partagé entre ses trois petits-fils en 843, d'où naît la Francie. De nouveaux envahisseurs normands, les Vikings, pénètrent le pays au milieu du IXe siècle.

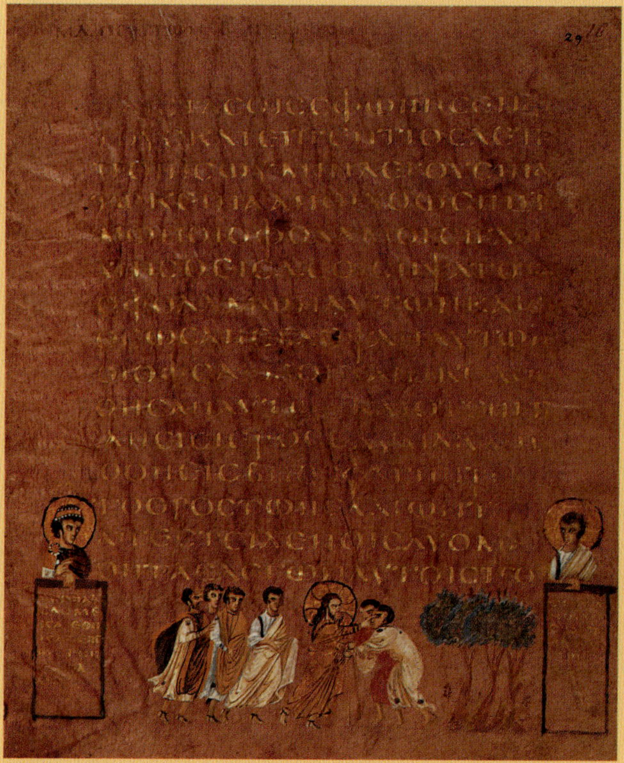

Anonyme

Miracle des deux aveugles de Jericho
dans *Fragments de l'évangile de saint Mathieu,* VIe siècle
Peinture sur parchemin pourpre et lettres d'or, 30 cm x 25 cm, Supplément grec 1286, Fol 29
Paris, Bibliothèque nationale de France

...La peinture de cette période instable est visible dans les manuscrits. Les livres sont écrits et peints à la main sur du parchemin par les moines. De magnifiques images décorent et illustrent les textes...

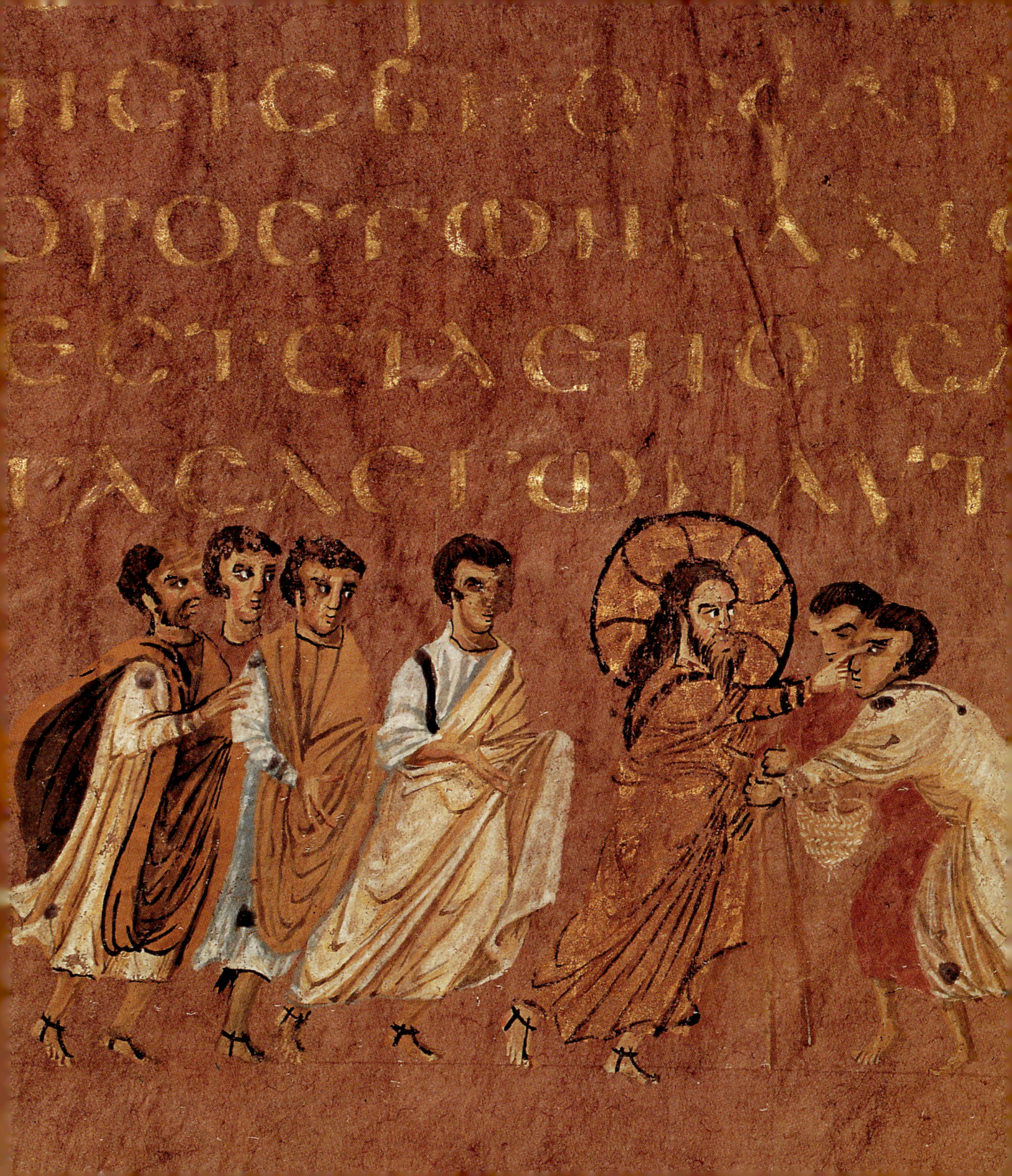

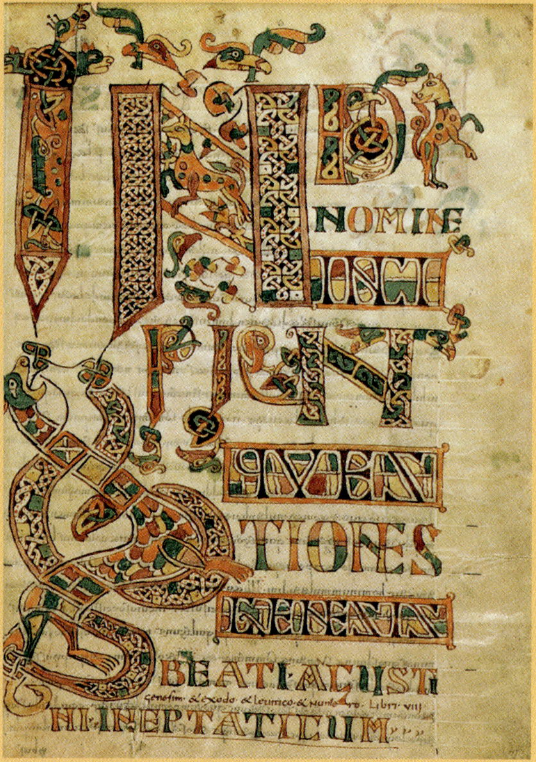

Anonyme

Les Questions de saint Augustin sur l'Heptateuque

VIIIe siècle

Peinture sur parchemin, 22,7 cm x 14,5 cm, Latin 12168, Fol 1

Paris, Bibliothèque nationale de France

...Ces enluminures peintes avec de superbes couleurs, sont de véritables chefs-d'œuvre représentant des formes géométriques, des animaux, des fleurs et aussi des personnages, des monuments, des paysages...

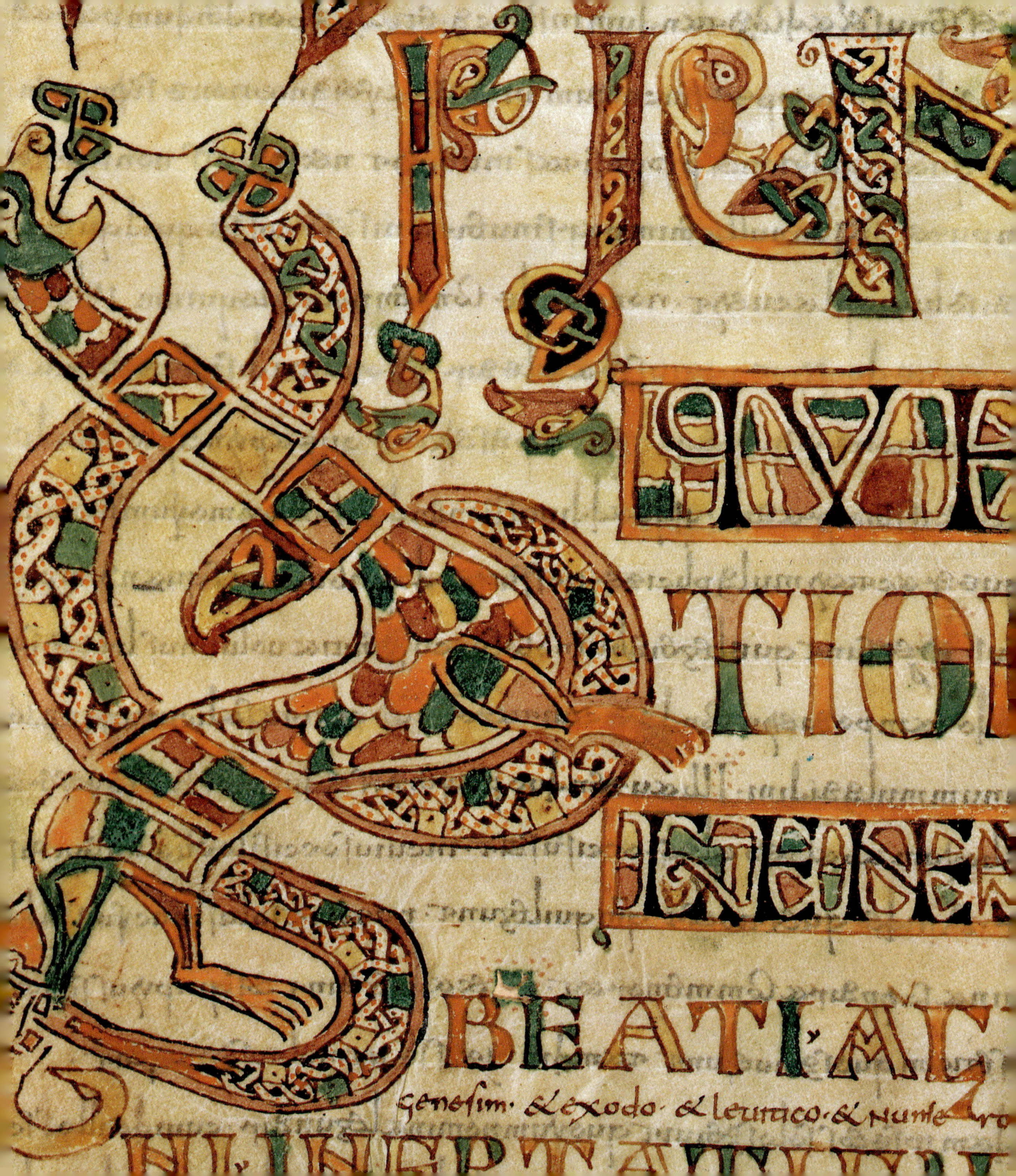
BEATI AC
genesim & exodo & leuitico & nume

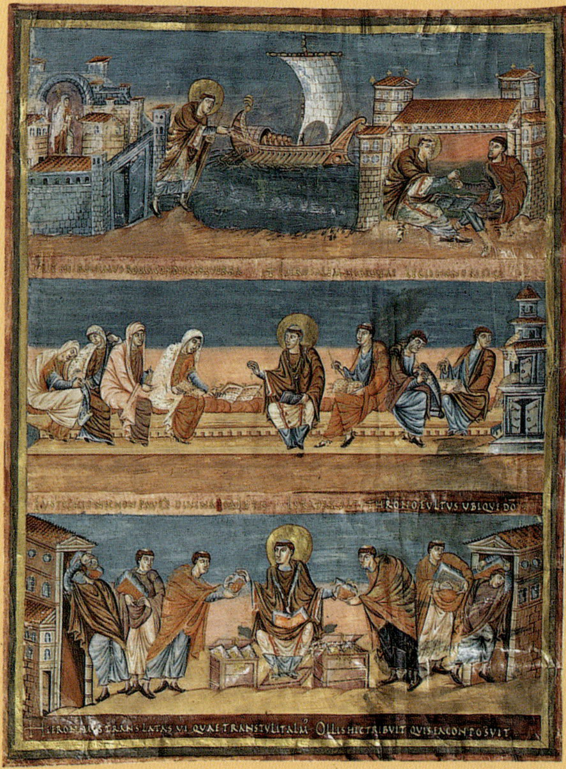

Anonyme

Histoire de la Bible de saint Jérôme
dans la *Bible de Charles le Chauve*, vers 846
Enluminure sur parchemin, 49,5 cm x 37,5 cm, Latin 1, Fol 3 v°
Paris, Bibliothèque nationale de France

...Ces ouvrages d'étude et de prière décrivent la vie quotidienne, les connaissances de l'époque et racontent la Bible. Les manuscrits sont de vrais musées où l'on découvre des centaines de tableaux miniatures...

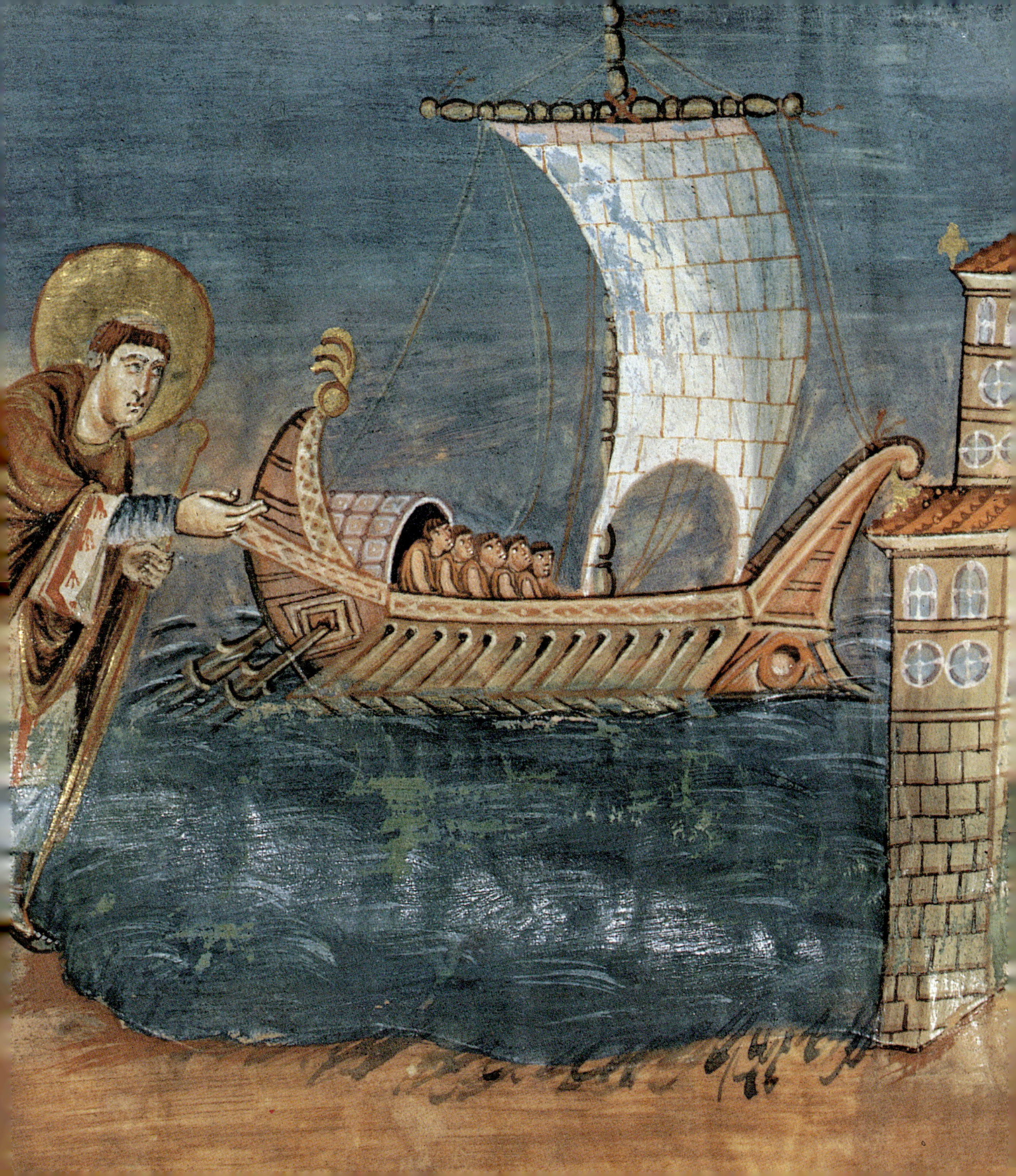

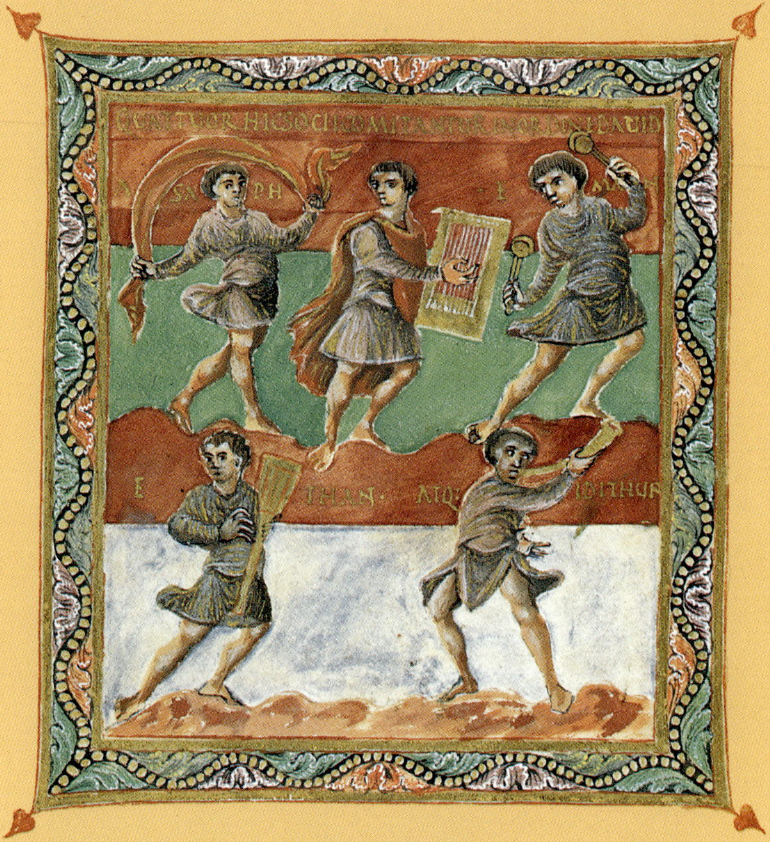

Anonyme

David et ses musiciens

dans *Psautier de Charles le Chauve* entre 842 et 869
enluminure sur parchemin, 24 cm x 19,5 cm, Latin 1152, Fol 1 v°
Paris, Bibliothèque nationale de France

...Ces peintures rares et précieuses permettent d'apprécier les goûts artistiques de l'époque, la richesse et la diversité des styles, l'esprit inventif des peintres.

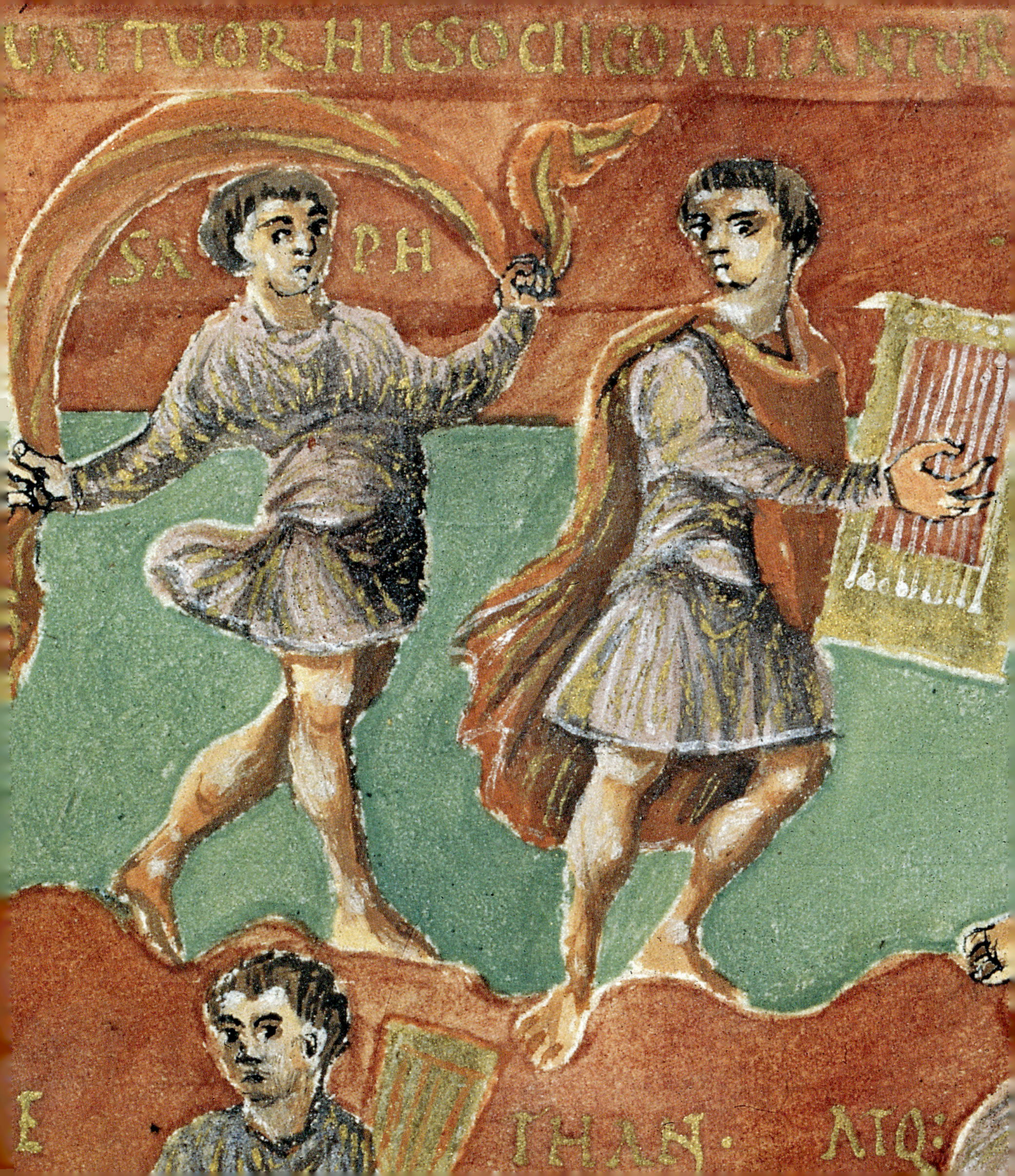
UATTUOR HIC SOCII COMITANTUR
SA PH
E
THAN.
ATQ:

du Xe au XIIe siècle

Aux Carolingiens
succèdent les rois capétiens,
du nom de Hugues Capet,
élu en 987 par des seigneurs
et des évêques puissants.
C'est le temps des croisades,
des chevaliers et de la féodalité.
Les Capétiens agrandissent le royaume
et règnent de père en fils
durant plus de trois siècles.
Le Moyen Âge est dominé par la religion
qui marque toute forme d'art.
Le pouvoir et la richesse
de l'Église sont grandissants.

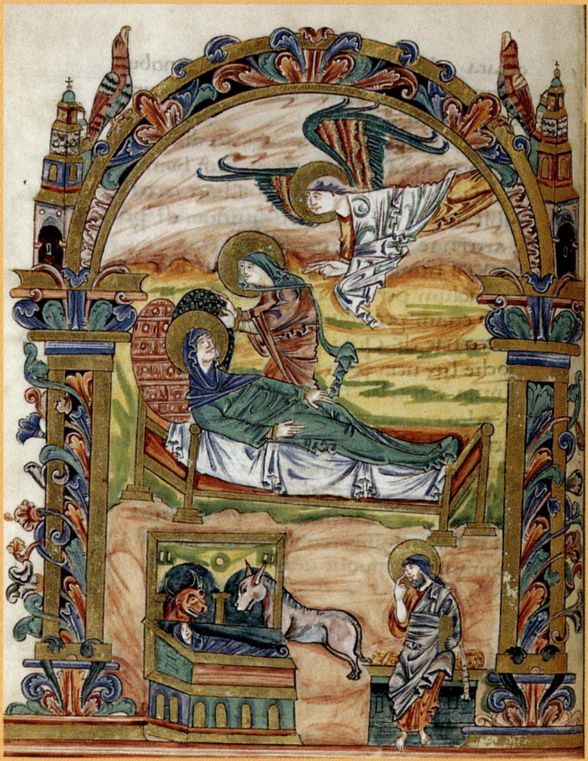

Anonyme

Nativité

dans *Sacramentaire* dit *de Robert de Jumièges*, début XIe siècle
Peinture sur parchemin, 33,2 cm x 22,5 cm, ms Y 6, Fol 32 v°
Rouen, Bibliothèque municipale

...Les moines copistes et peintres produisent plus, pour diffuser largement savoir et connaissances. Les manuscrits protégés dans les bibliothèques sont le principal témoignage de la façon de peindre de cette époque...

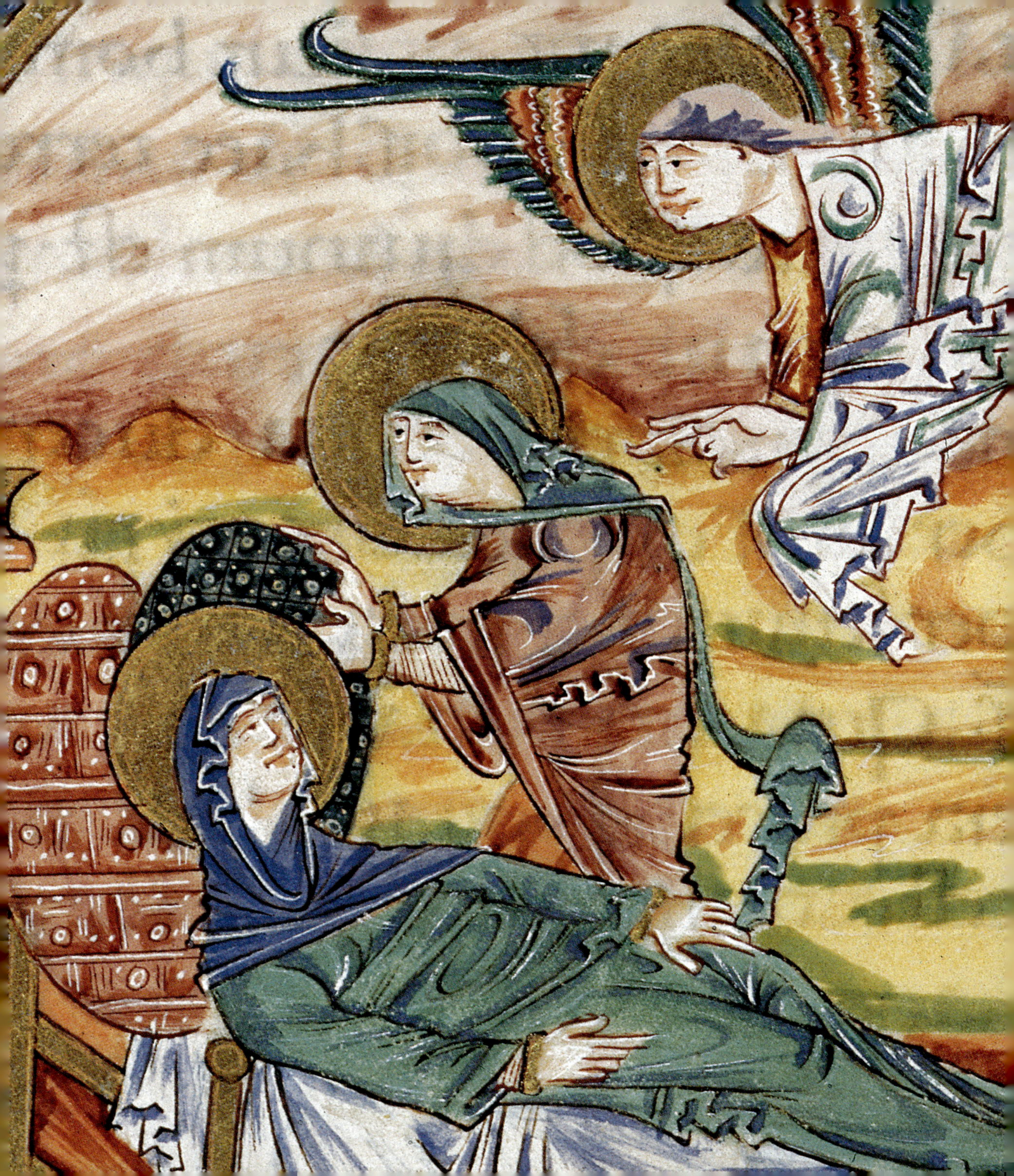

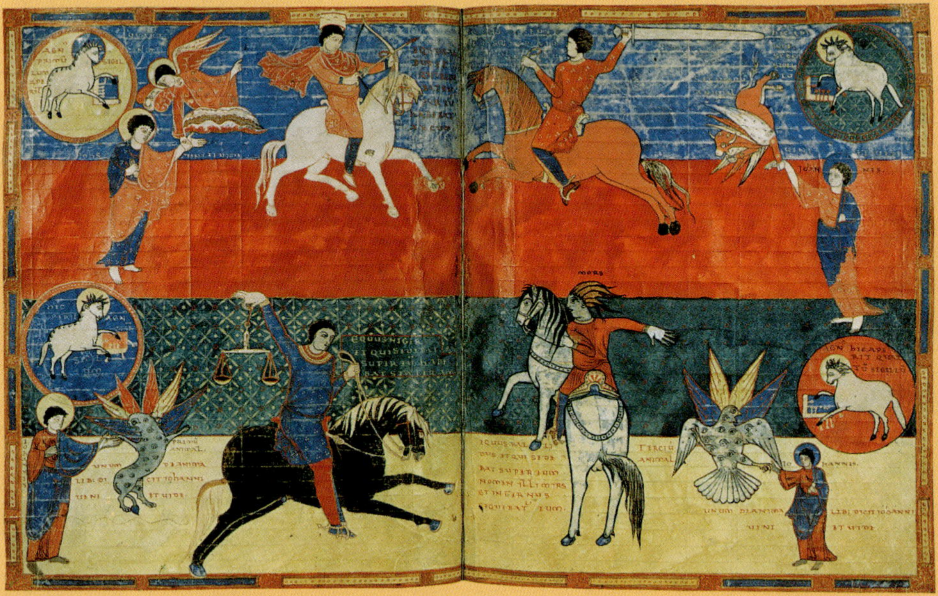

Beatus

Beatus de Liebana
Ouverture des quatre premiers sceaux et les quatre chevaliers,
dans *Commentaire sur l'Apocalypse,* XIe siècle
Peinture sur parchemin, 36,5 cm x 56 cm
Latin 8878, Fol 108 v°-109 r°
Paris, Bibliothèque nationale de France

...Les enluminures sont plus libres,
la palette est très colorée, les tons sont éclatants. Le dessin
souvent plus précis a plus de mouvement...

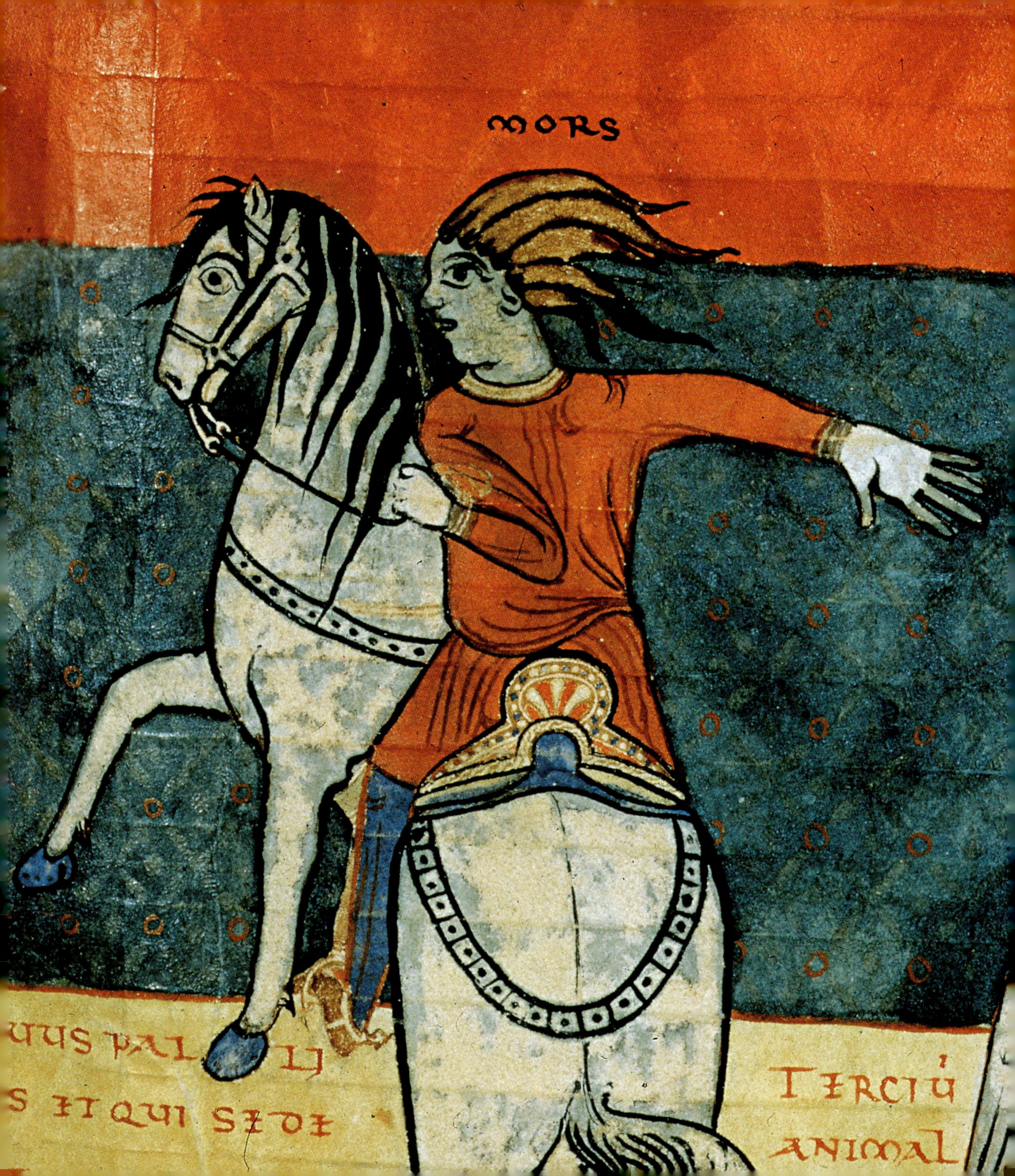
MORS
UUS PAL IJ
S ET QUI SEDET
TERCIŪ
ANIMAL

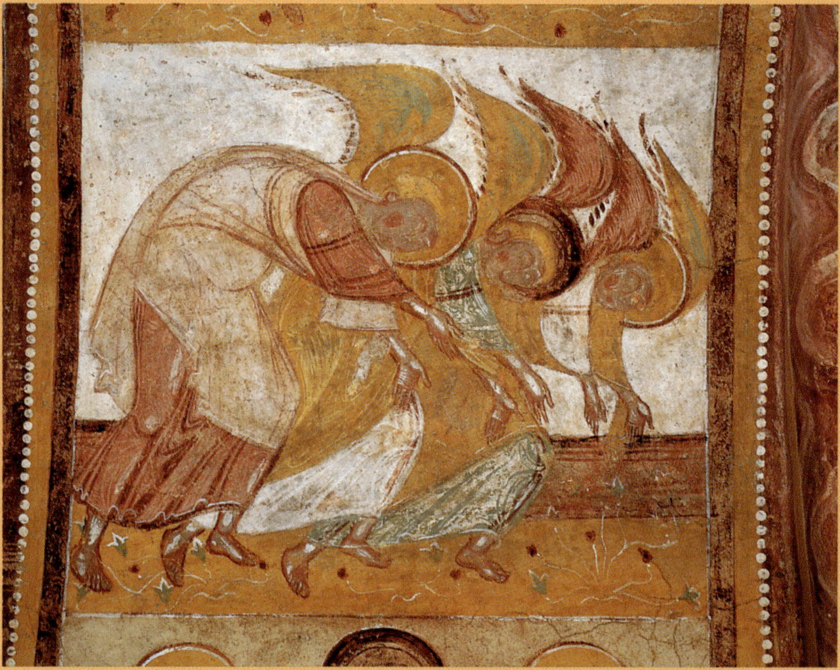

Anonyme

Anges adorateurs
détail de l'arc encadrant le tympan de la porte occidentale de l'église
Vers 1100
Peinture à fresque, 110 cm x 140 cm
Saint-Savin sur Gartempe (Vienne)
Abbaye de Saint-Savin

...Des peintures monumentales décorent les édifices religieux.
Elles illustrent l'histoire de la Bible comme un grand livre d'images.
Ces fresques, souvent très abîmées, sont encore d'une grande beauté...

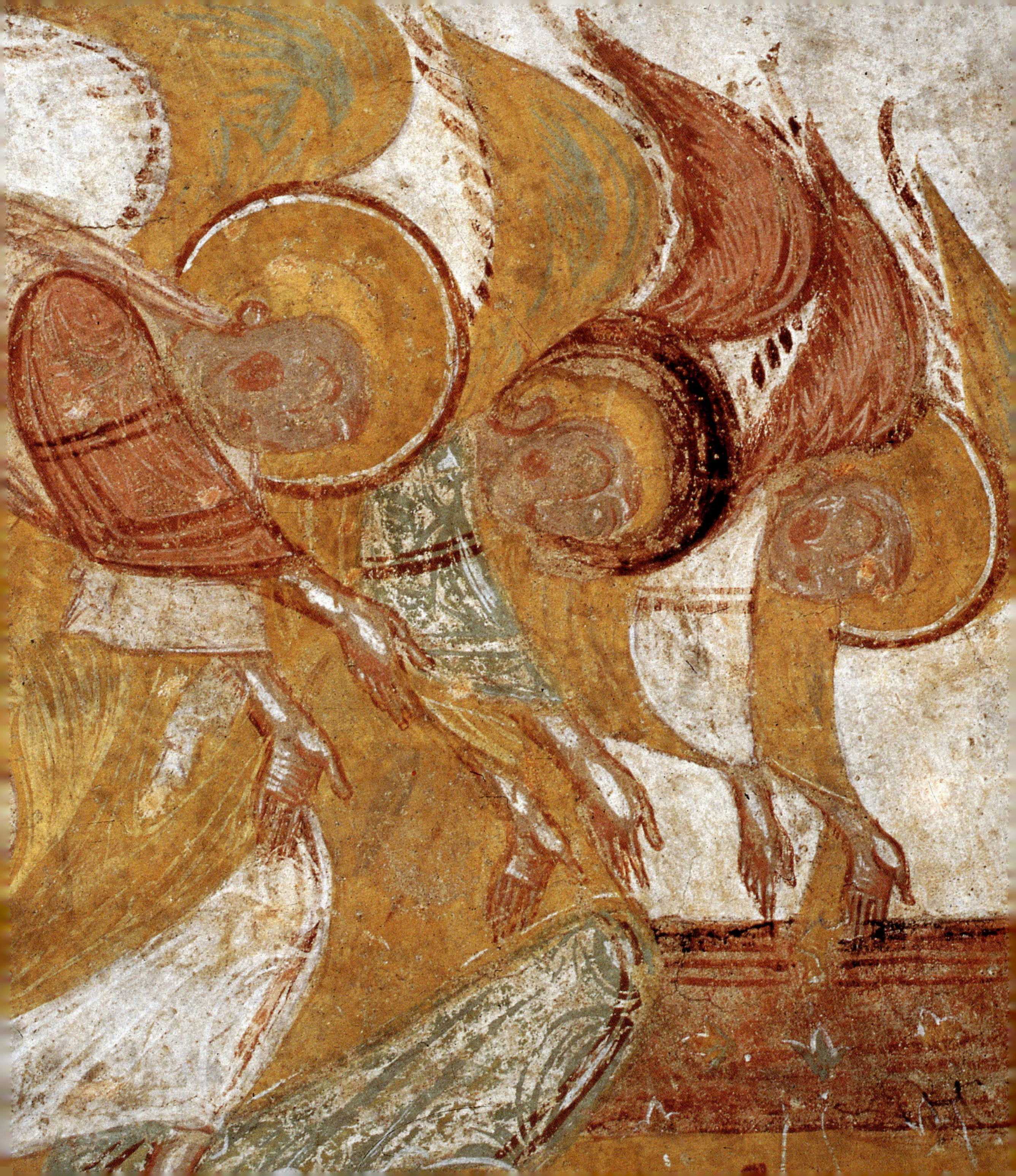

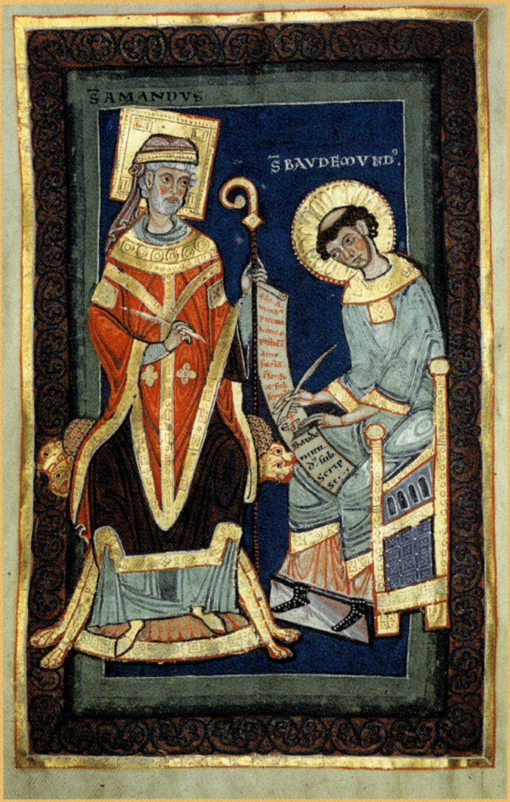

Anonyme

Saint Amand et saint Baudémond
dans *Vie et miracles de saint Amand*, peu après 1150
Peinture sur parchemin, 30 cm x 21 cm, ms 501, Fol 58 v°
Valenciennes, Bibliothèque municipale

...Les sujets des peintures de la période romane sont pour l'essentiel religieux, et nous révèlent un art original d'une immense variété, souvent haut en couleurs.

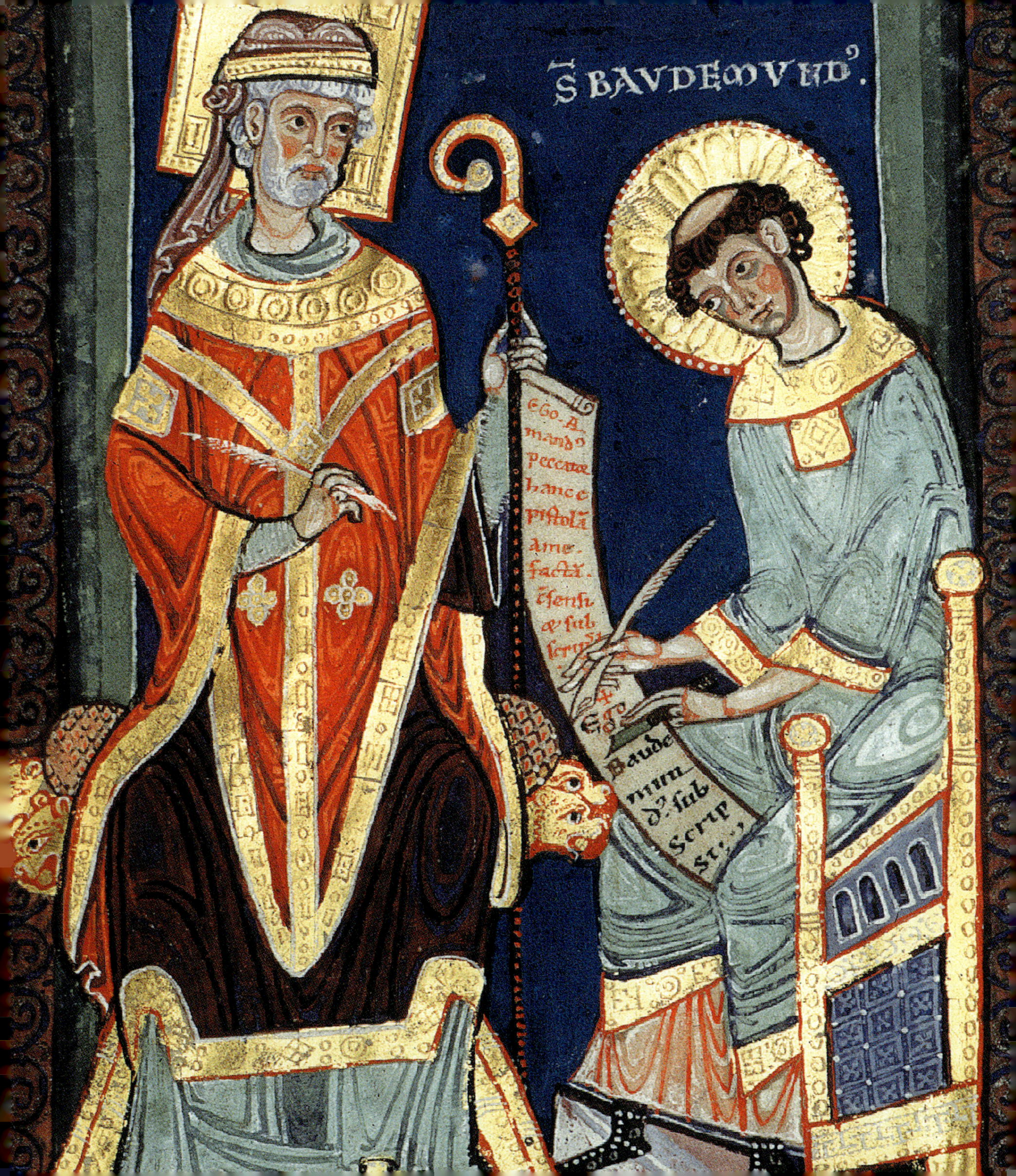
S BAVDEMVND'.
Ego. A
mando
peccatę
hance
pistolā
ame.
factā.
c̄sensi
& sub
scrip
Ego
Baude
mun
d' sub
scrip
si.

du XIIe au XVe siècle

Les campagnes s'enrichissent,

les villes se développent.

C'est l'âge d'or des cathédrales.

Le commerce, l'évolution des techniques,

la circulation des hommes,

des marchandises et des biens sont favorisés

par Philippe Auguste (1165-1223).

Louis IX, appelé aussi Saint Louis (1214-1270),

puis Philippe le Bel (1268-1314)

renforcent le pouvoir royal.

Mais la guerre de Cent Ans (1337-1453)

et la peste noire (1347-1351)

précipitent le royaume de France

dans le désastre.

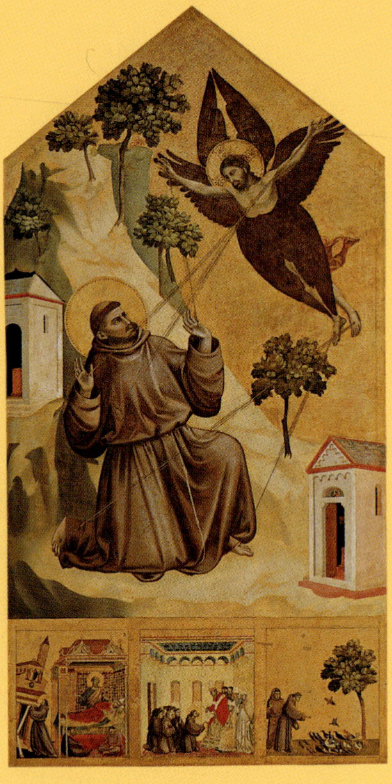

Giotto

Giotto di Bondone (1265/vers1267-1337)
Saint François d'Assise recevant les stigmates, vers 1295-1300
Huile sur bois, 313 cm x 163 cm
Paris, musée du Louvre

...Les peintres de l'époque gothique travaillent sur des supports libres, indépendants et mobiles comme des panneaux de bois ou des morceaux de toile...

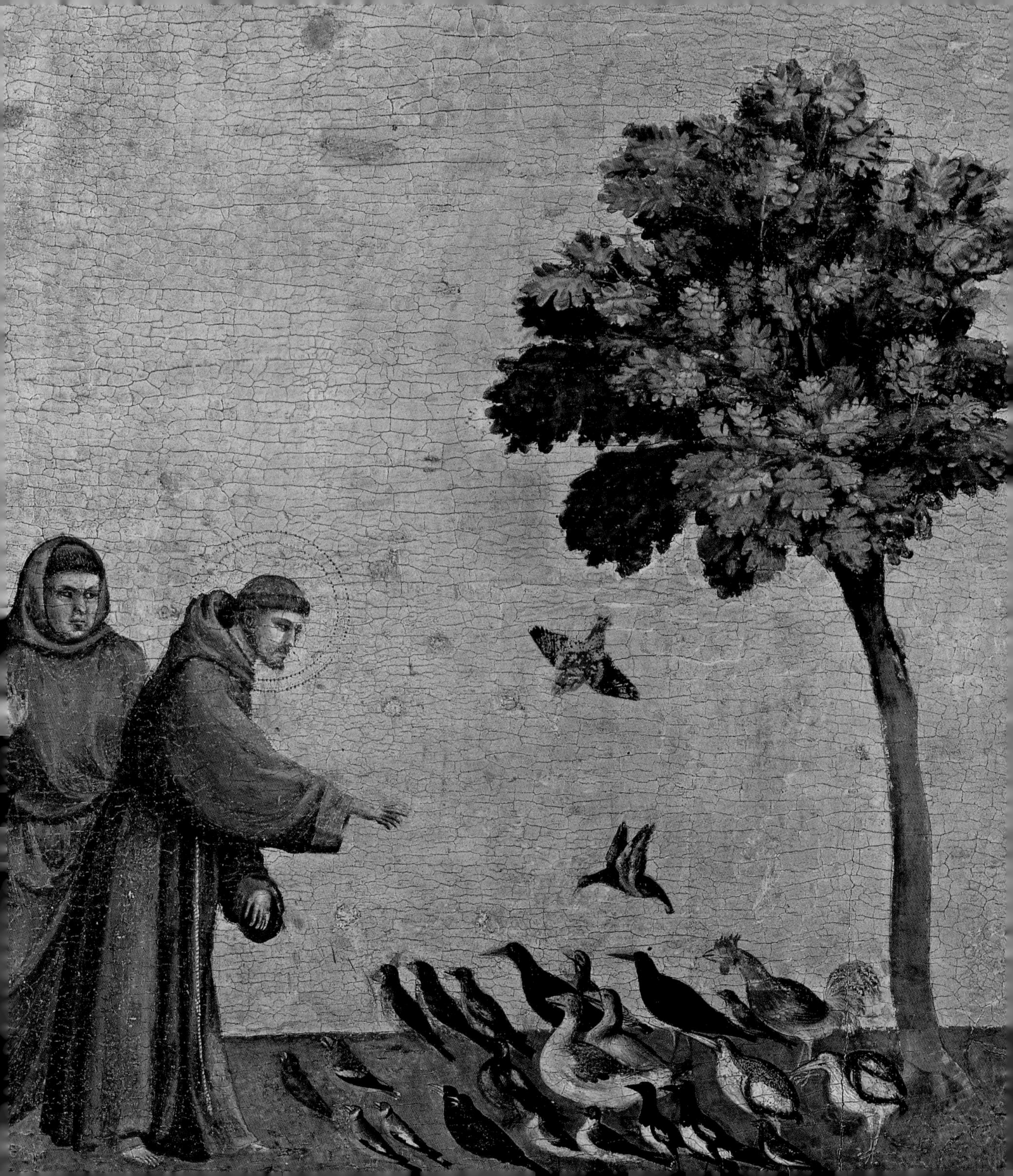

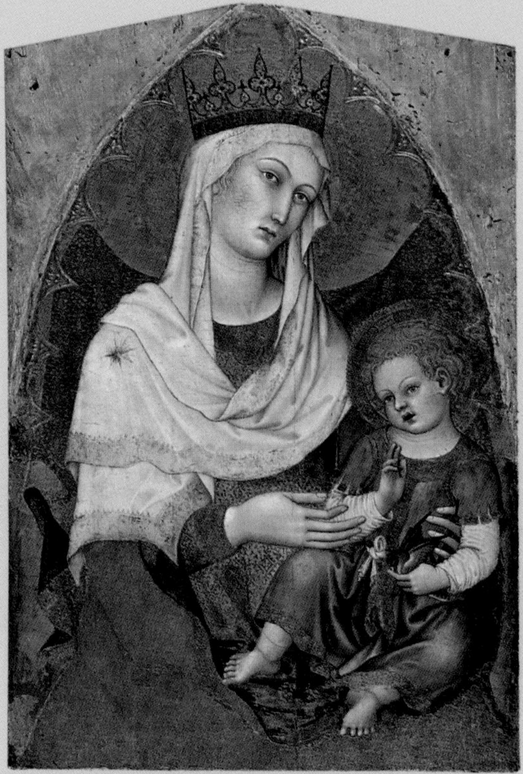

Bartolo

Taddeo di Bartolo (1362/1363-1422)
La Vierge et l'Enfant, vers 1400-1405
Huile sur bois, 104 cm x 69 cm
Avignon, musée du Petit-Palais

...Désormais, la peinture ne dépend plus seulement du livre pour l'enluminure, ni du mur pour la fresque. Ainsi apparaissent les premiers tableaux...

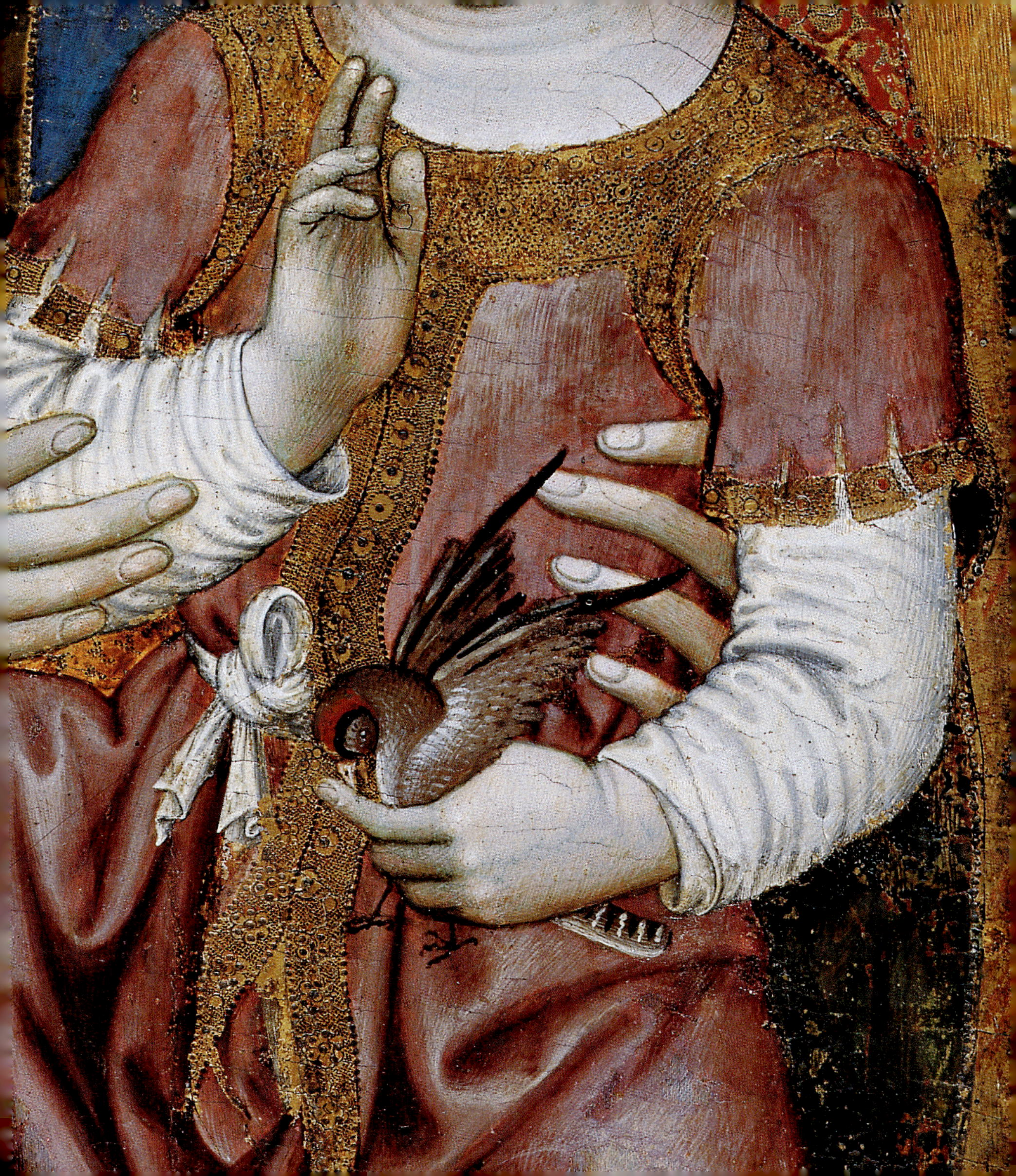

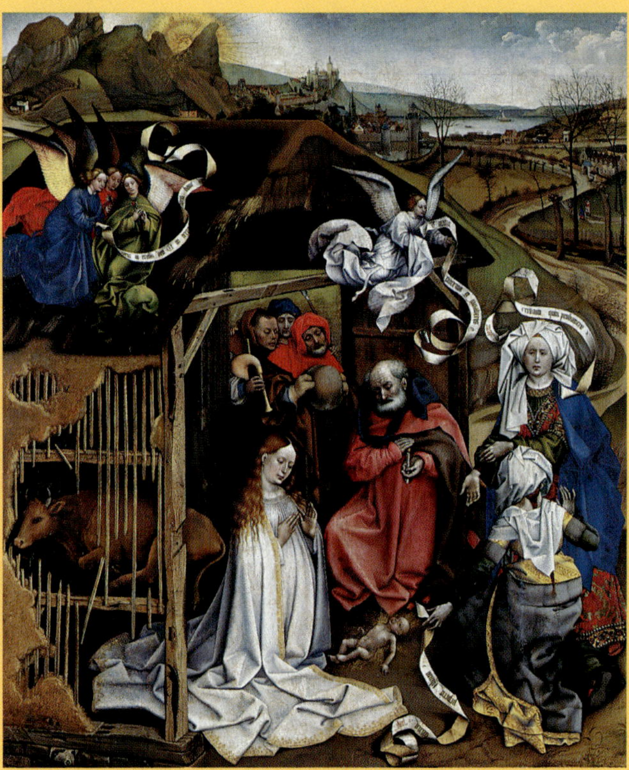

Campin

Robert Campin (1378/1379-1444)
La Nativité
Huile sur bois, 86 cm x 72 cm
Dijon, musée des Beaux-Arts

...Les rois, princes, grands seigneurs et riches marchands aident et protègent les artistes. Commanditaires et mécènes, ils collectionnent parfois les peintures...

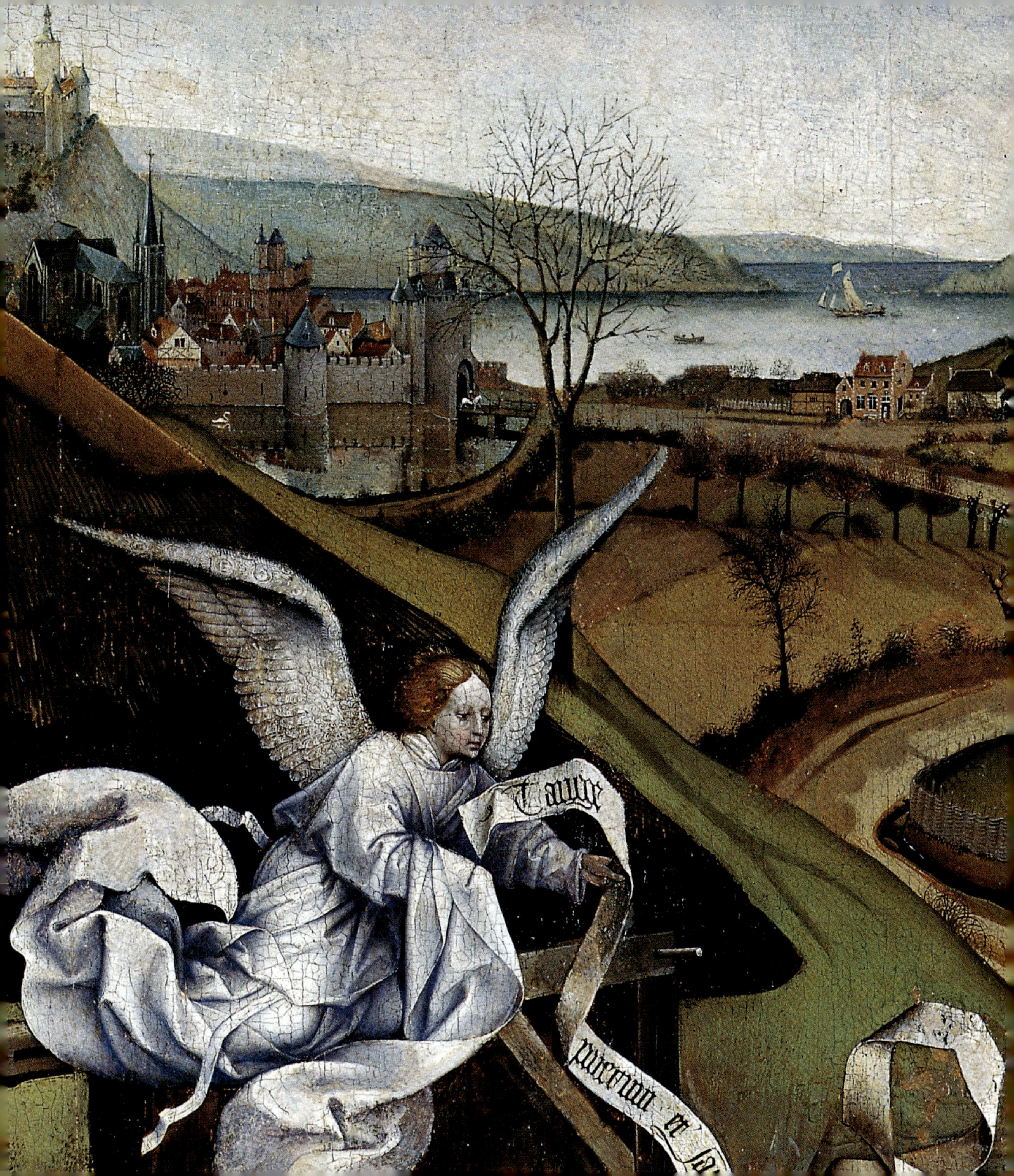

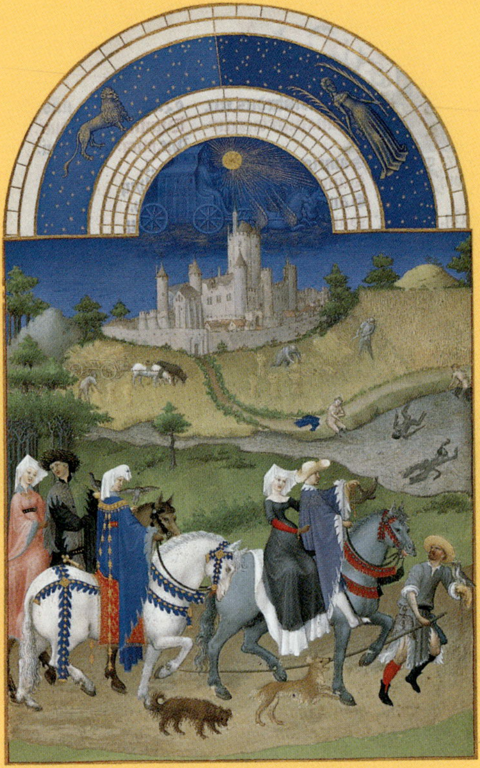

Limbourg

Jean de Limbourg (XIVe siècle-avant 1416)
Les Très Riches Heures du duc de Berry, Août : départ pour la chasse au faucon, début XVe siècle
Enluminure sur parchemin, 29 cm x 21 cm
Chantilly, musée Condé

...Ils apprécient la beauté, l'élégance des formes, la subtilité des couleurs, la précision du dessin et le réalisme des sujets...

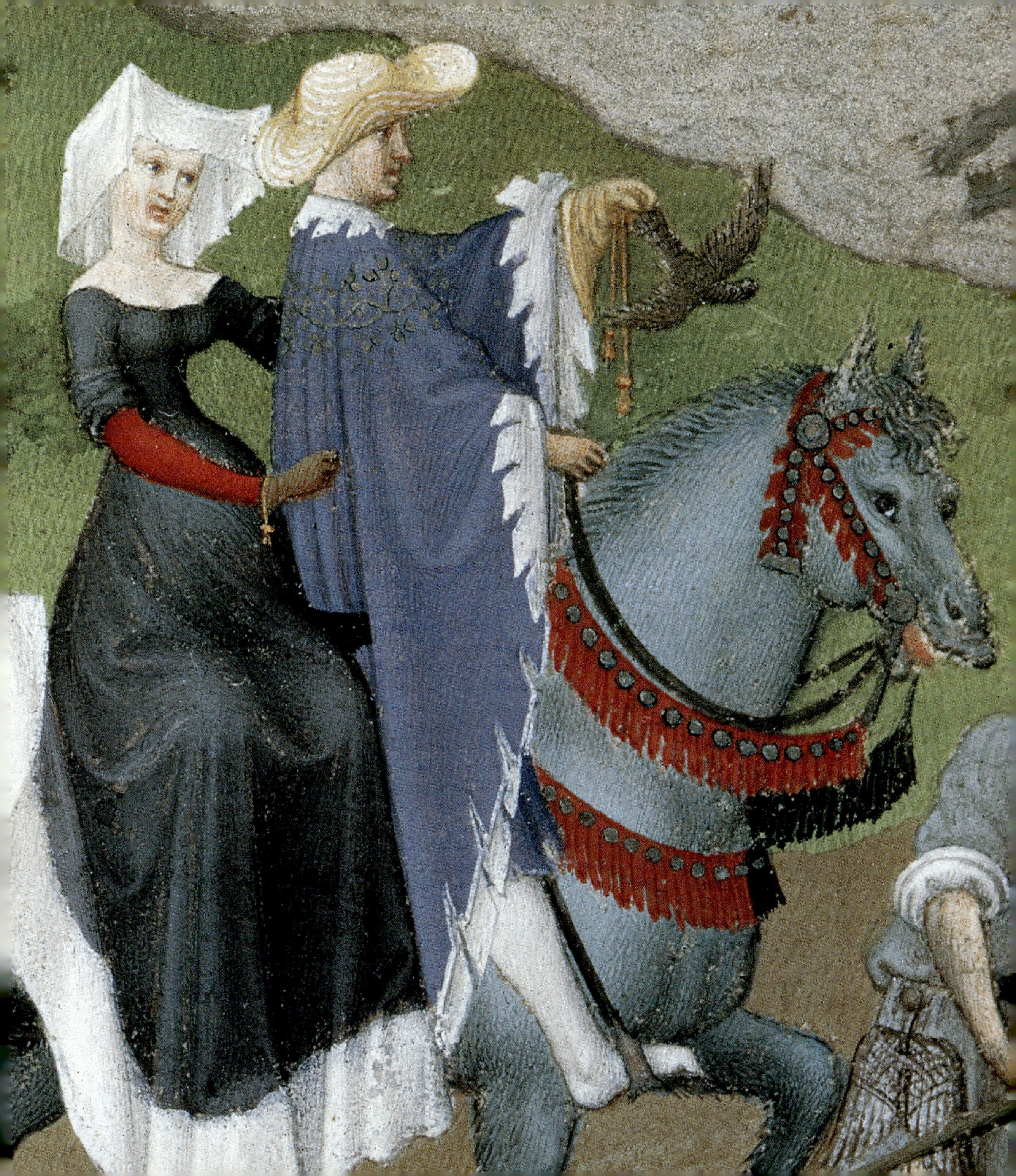

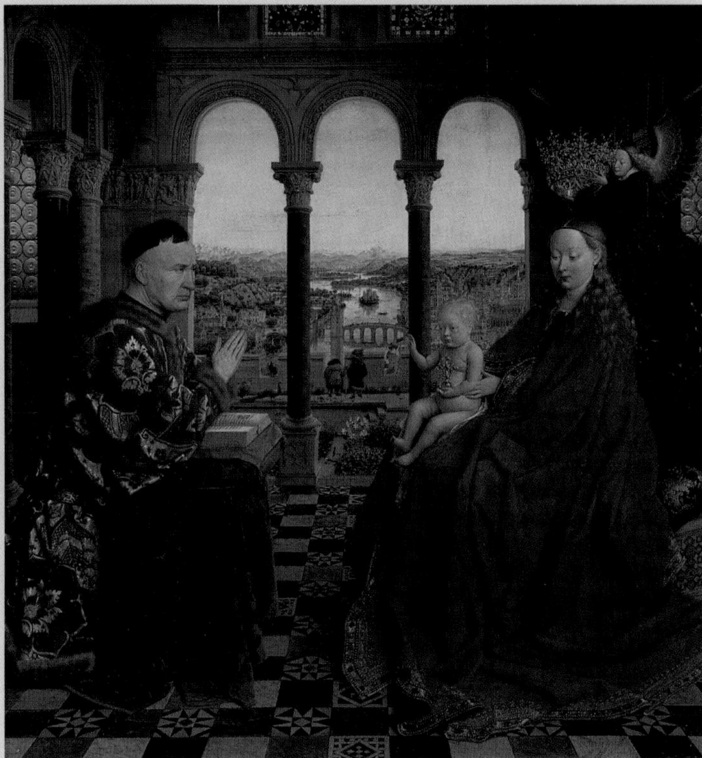

Van Eyck

Jan Van Eyck (vers 1390/1400-1441)
La Vierge du chancelier Rolin, vers 1435
Huile sur bois, 66 cm x 62 cm
Paris, musée du Louvre

...La peinture de chevalet connaît un développement formidable. Avec les nouveaux supports de toile et de bois, les formats changent, les œuvres sont de taille moyenne entre le monumental et la miniature...

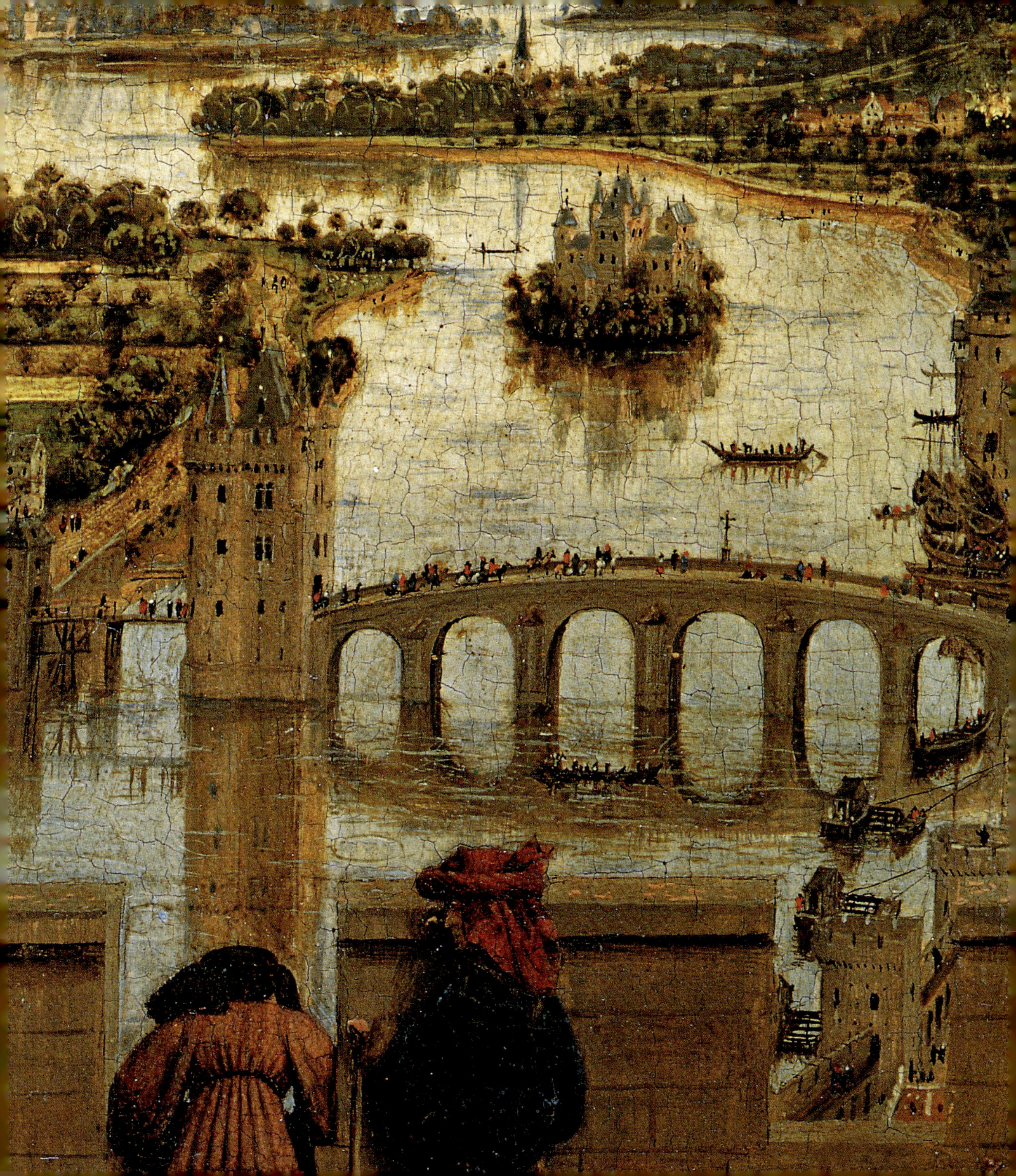

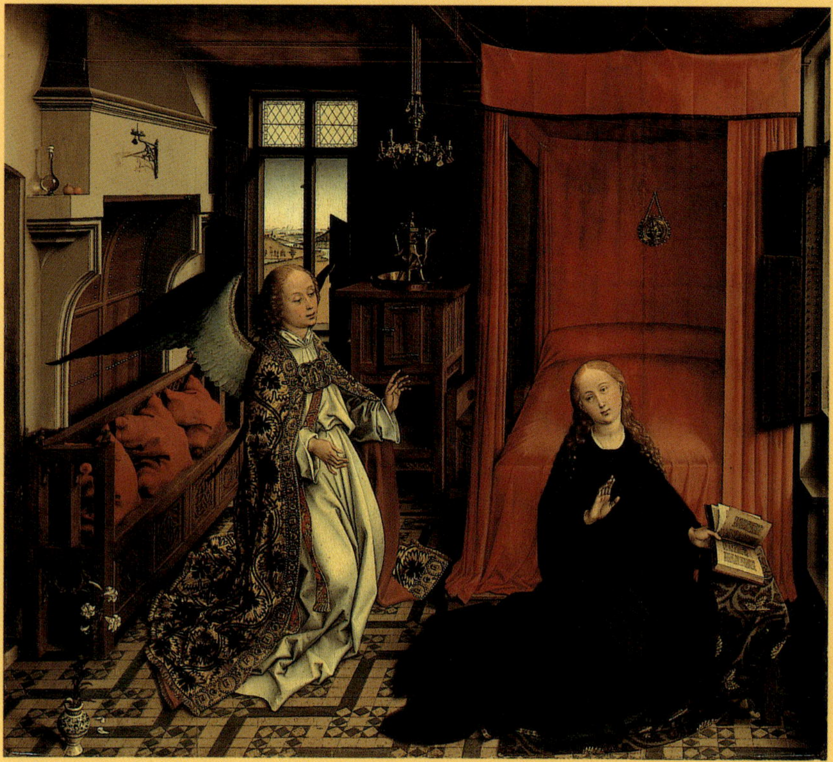

Van der Weyden

Roger Van der Weyden (1399/1400-1464)
L'Annonciation
Huile sur bois, 86 cm x 93 cm
Paris, musée du Louvre

...La technique évolue aussi avec la découverte de la peinture à l'huile. Les pigments de couleur sont mélangés à de l'huile végétale qui sèche lentement...

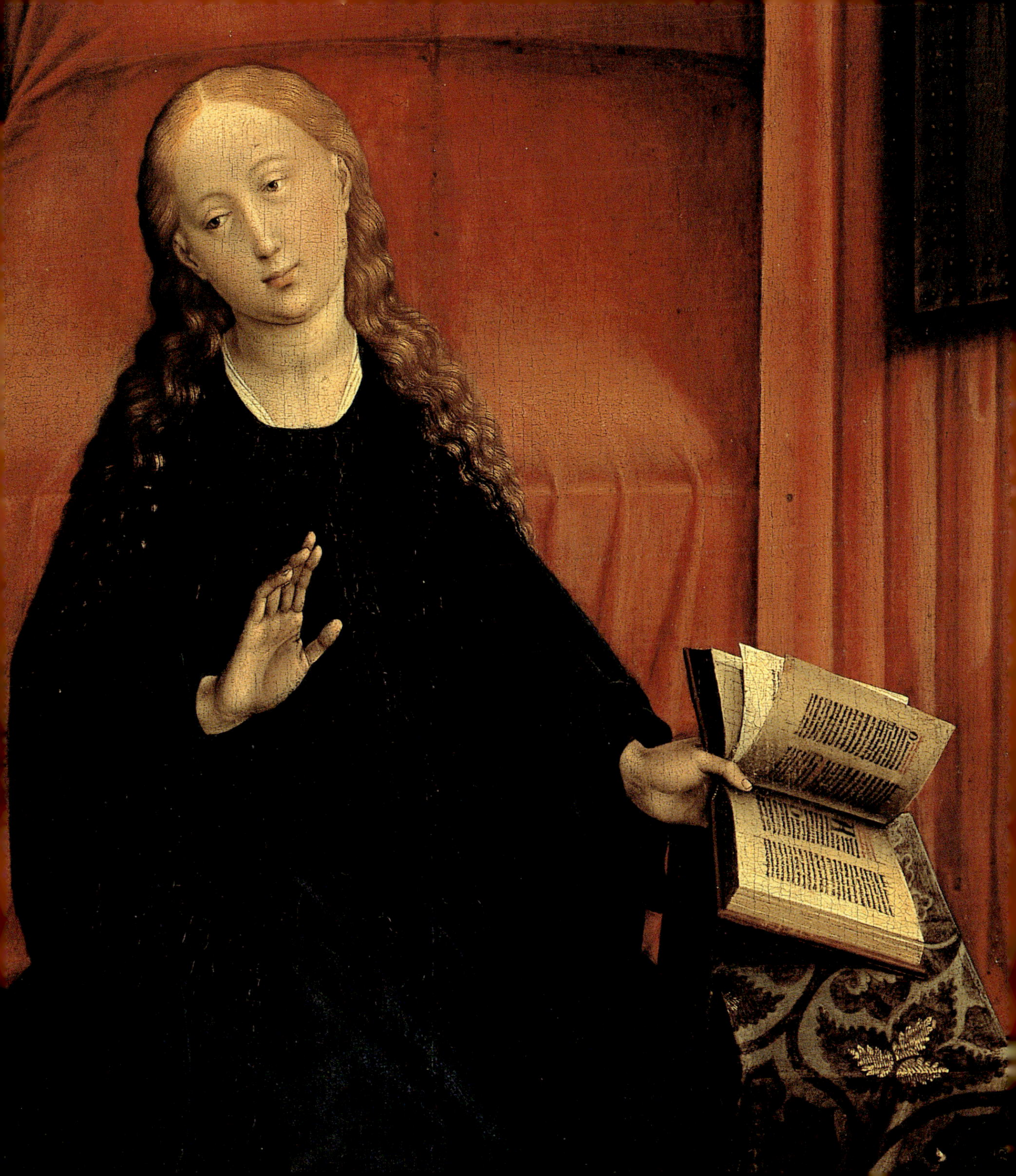

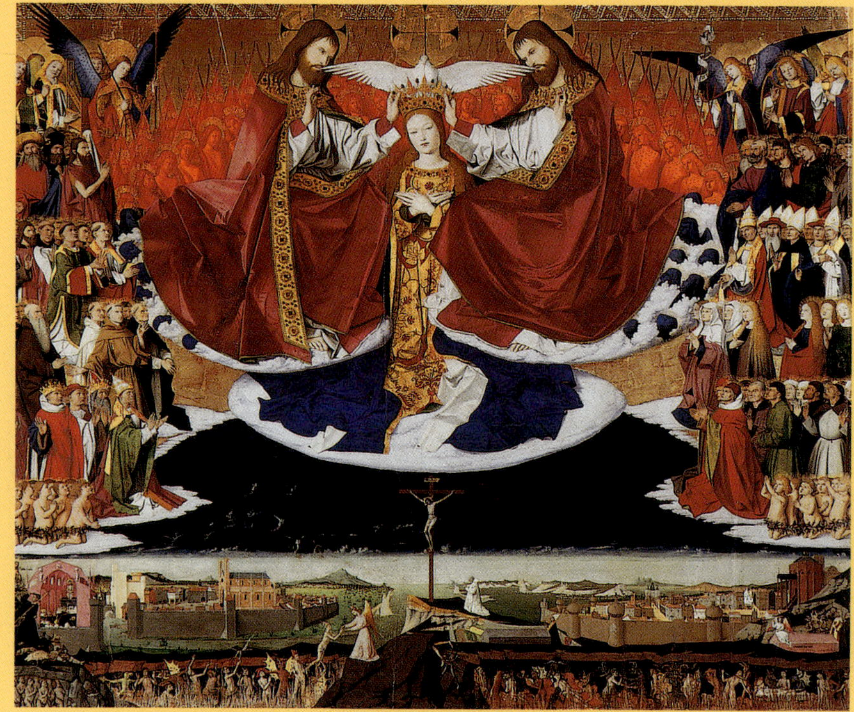

Quarton

Enguerrand Quarton (vers 1415-1466)
Le Couronnement de la Vierge, 1453-1454
Peinture sur bois sur toile marouflée, 183 cm x 220 cm
Villeneuve-lez-Avignon,
musée Pierre de Luxembourg

...Ainsi, les peintres retravaillent longuement la matière et obtiennent une transparence, une brillance et une beauté lumineuse des couleurs.

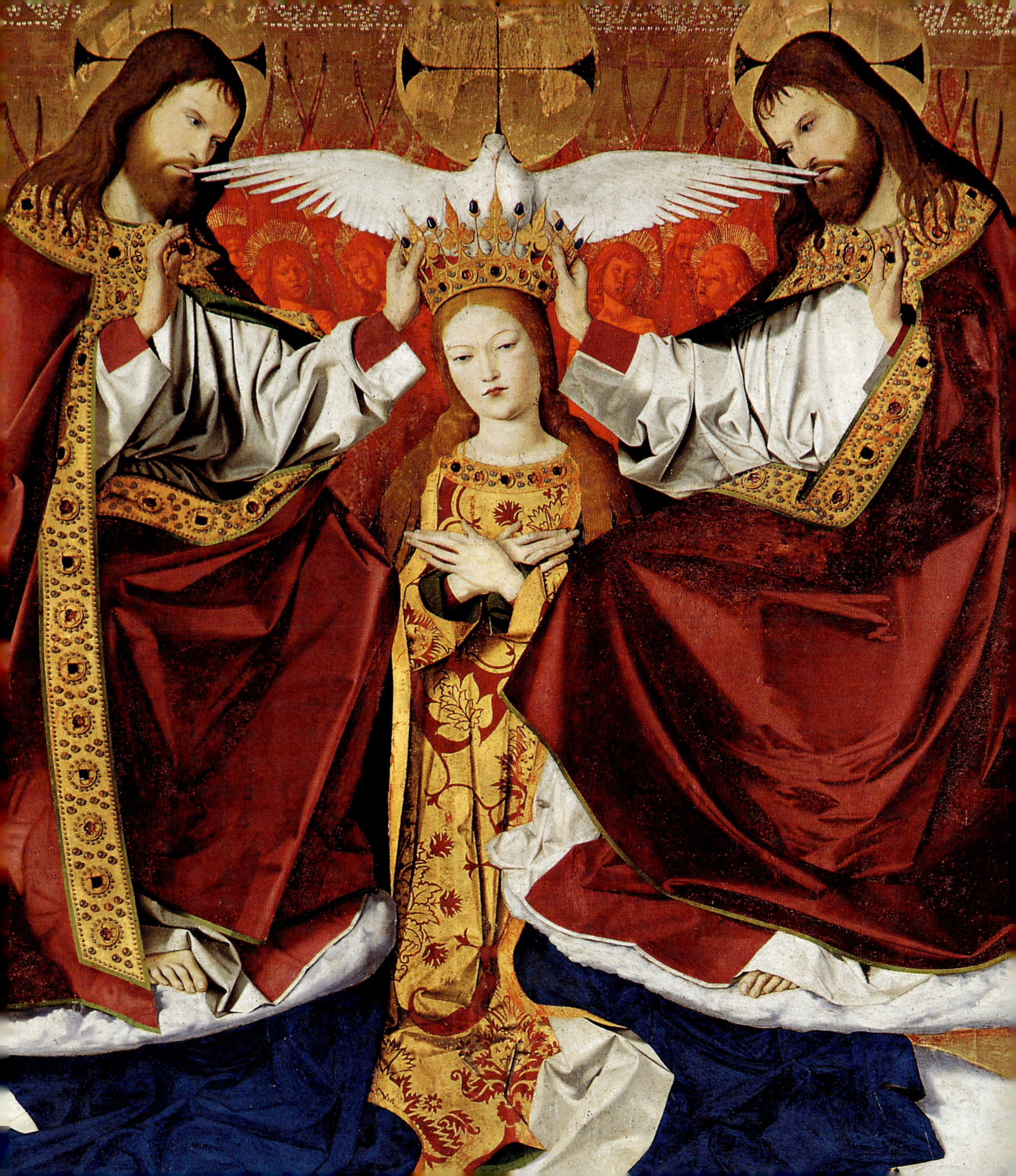

du XVe au XVIe siècle

La Guerre de Cent Ans

se termine en 1453,

les rois successifs

mènent conflits et batailles

pour renforcer leur pouvoir

et établir l'unité du pays.

C'est sous le règne

de François Ier (1494-1547),

grand défenseur et amateur d'art,

que la Renaissance va s'épanouir.

Les guerres de religion

déchirent la France

durant la seconde

moitié du XVIe siècle.

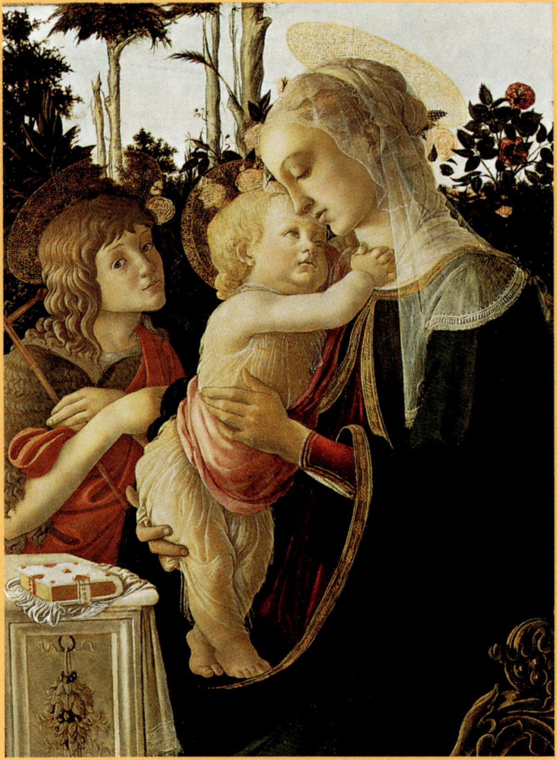

Botticelli

Alessandro Filipepi, dit Botticelli (1445-1510)
La Vierge et l'Enfant avec saint Jean-Baptiste enfant
Huile sur bois, 90,7 cm x 67 cm
Paris, musée du Louvre

...Une brillante période, la Renaissance, a débuté en Italie dès le XIVe siècle. Les idées et l'art de l'Antiquité, redécouverts dans les manuscrits grecs et latins, donnent un sens nouveau à la valeur de l'homme...

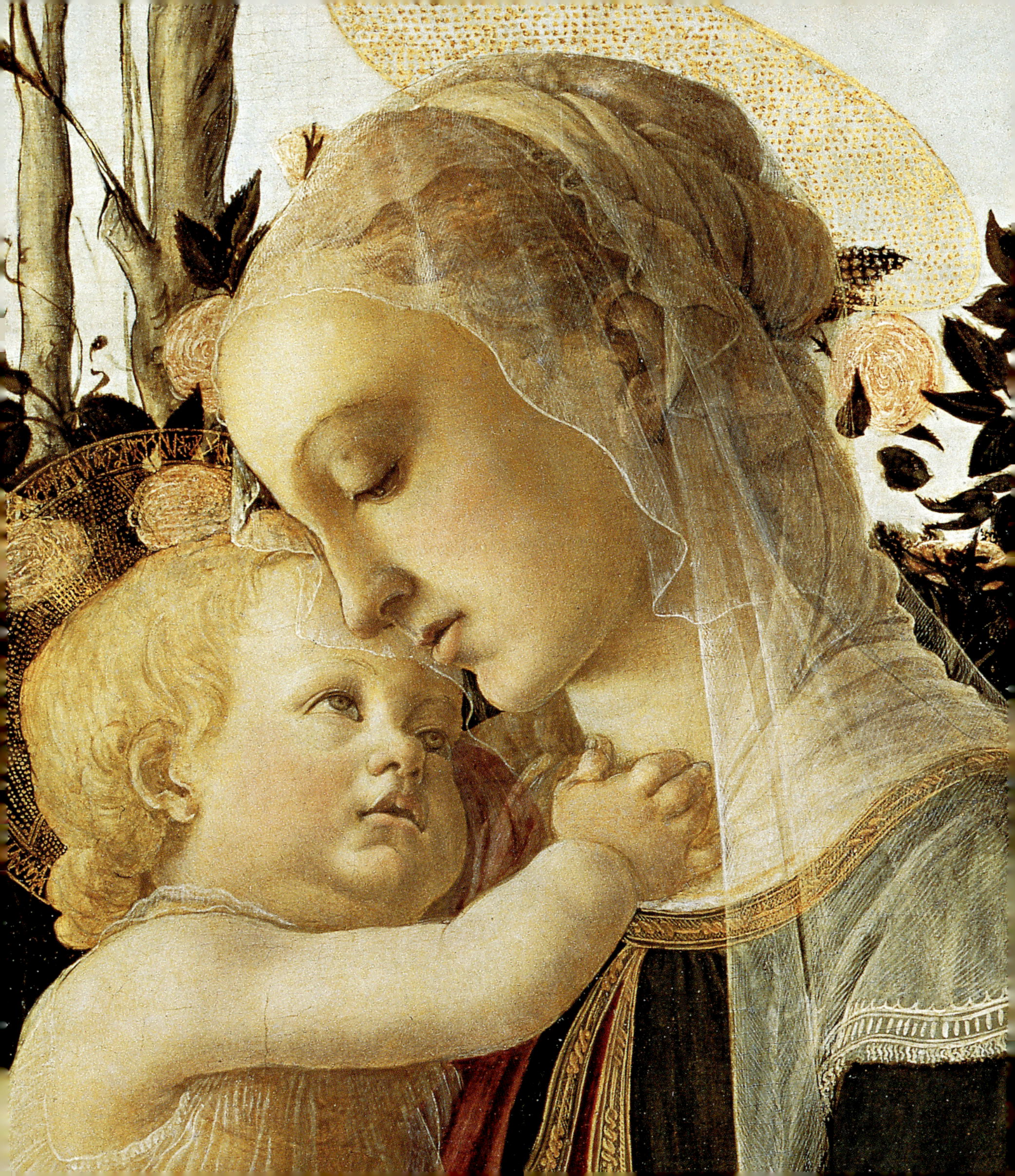

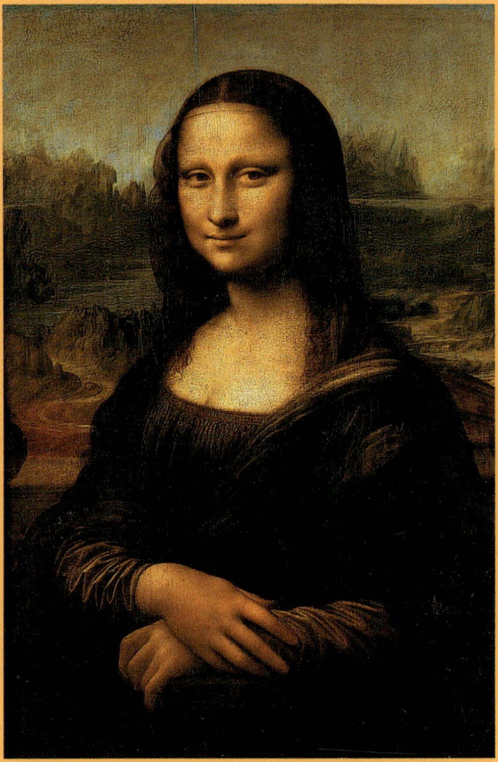

Vinci

Léonard de Vinci (1452-1519)
La Joconde, portrait de Mona Lisa, vers 1503-1506
Huile sur bois, 77 cm x 53 cm
Paris, musée du Louvre

...Mona Lisa sourit à l'humanisme, mouvement de la Renaissance caractérisé par l'épanouissement de la grandeur et de la noblesse de l'esprit humain...

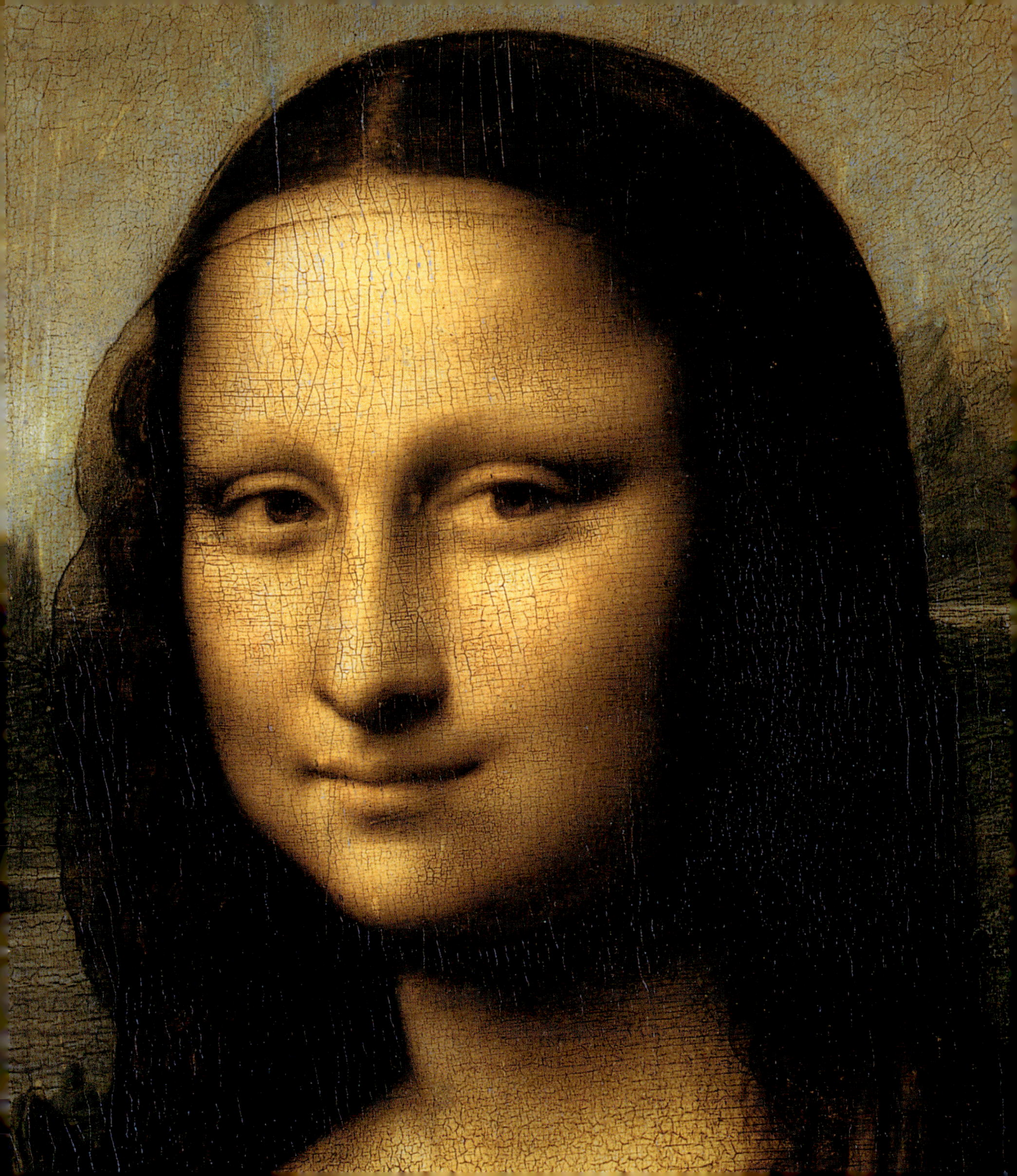

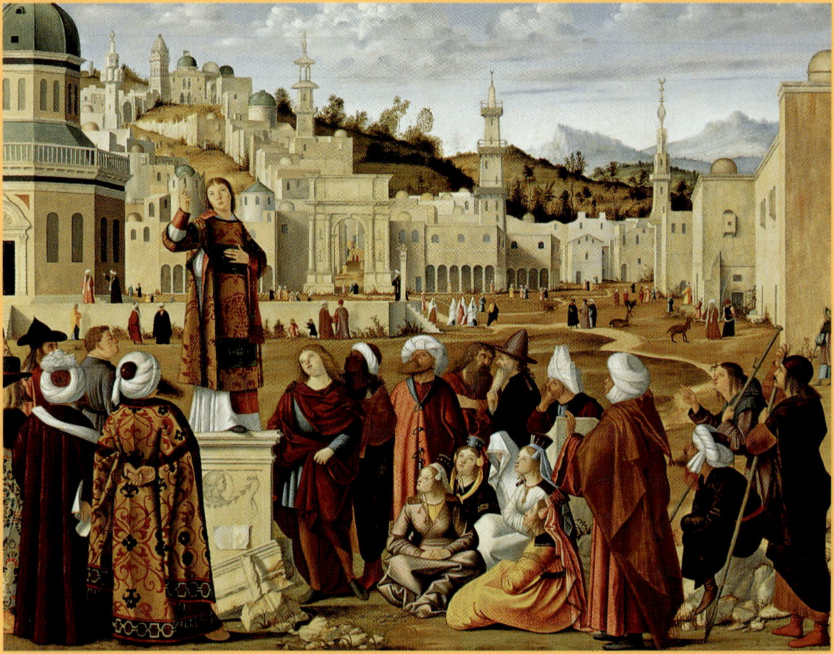

Carpaccio

Vittore Carpaccio
(vers 1450/1454-1525/1526)
La Prédication de saint Etienne à Jérusalem
Huile sur toile,
148 cm x 194 cm
Paris, musée du Louvre

...La découverte de la perspective et la connaissance de l'anatomie ont bouleversé la représentation picturale de l'époque...

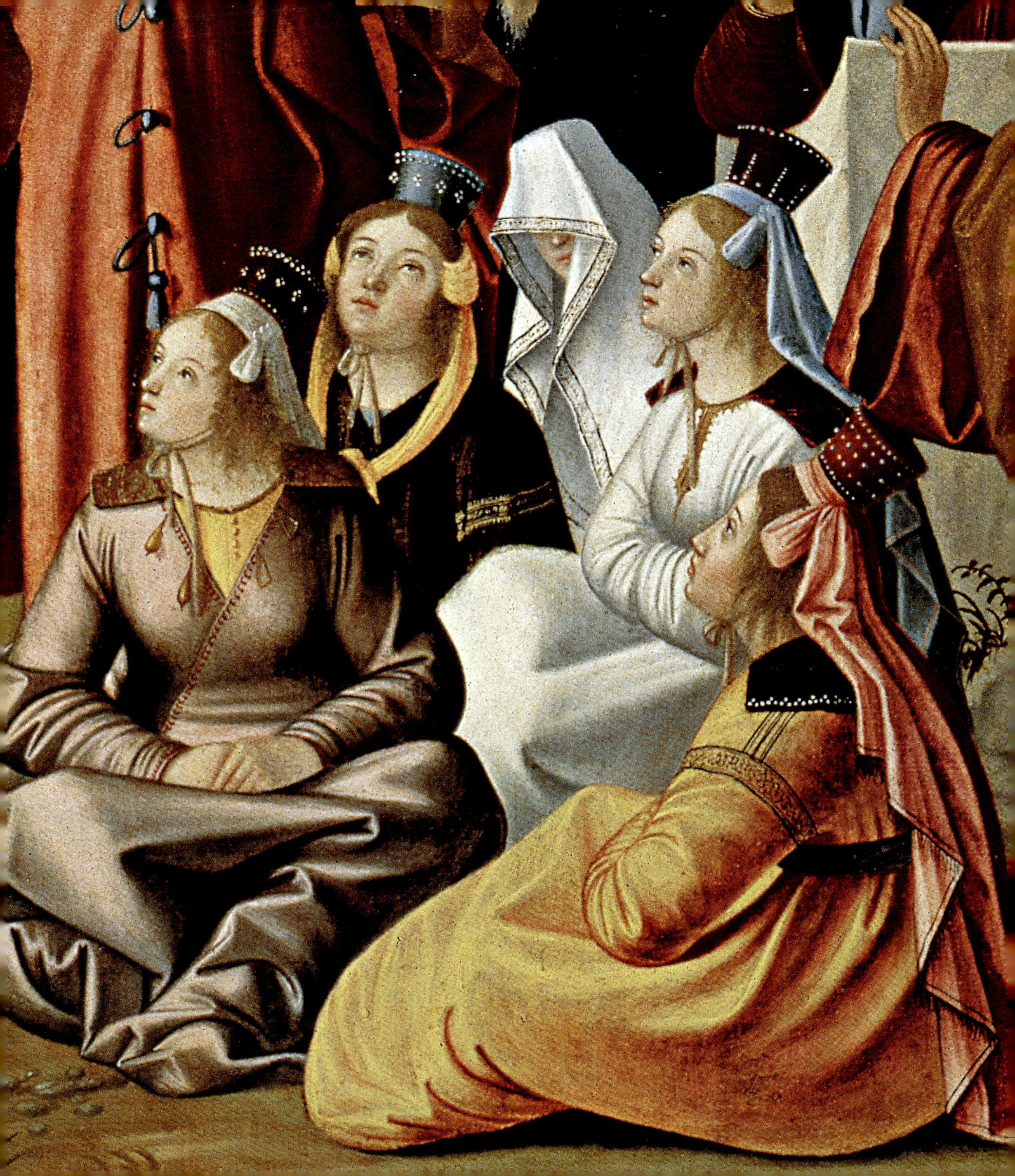

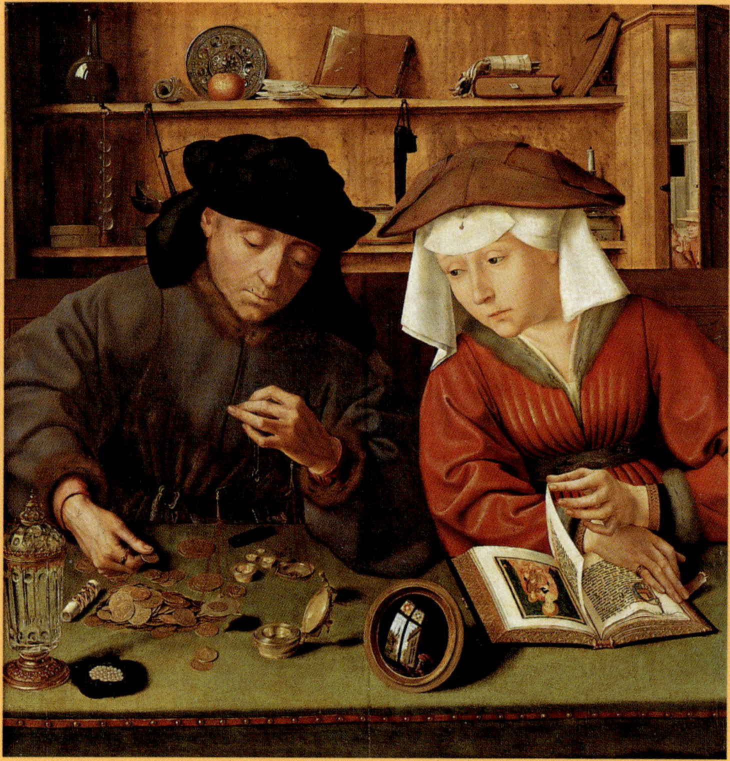

Metsys

Quentin Metsys (1465/1466-1530)
Le Prêteur et sa femme, 1514
Huile sur bois, 70,5 cm x 67 cm
Paris, musée du Louvre

...Les peintres de la Renaissance ont toujours ce souci de la beauté, de l'harmonie et de la composition. Ils peignent avec précision, justesse et minutie les moindres détails...

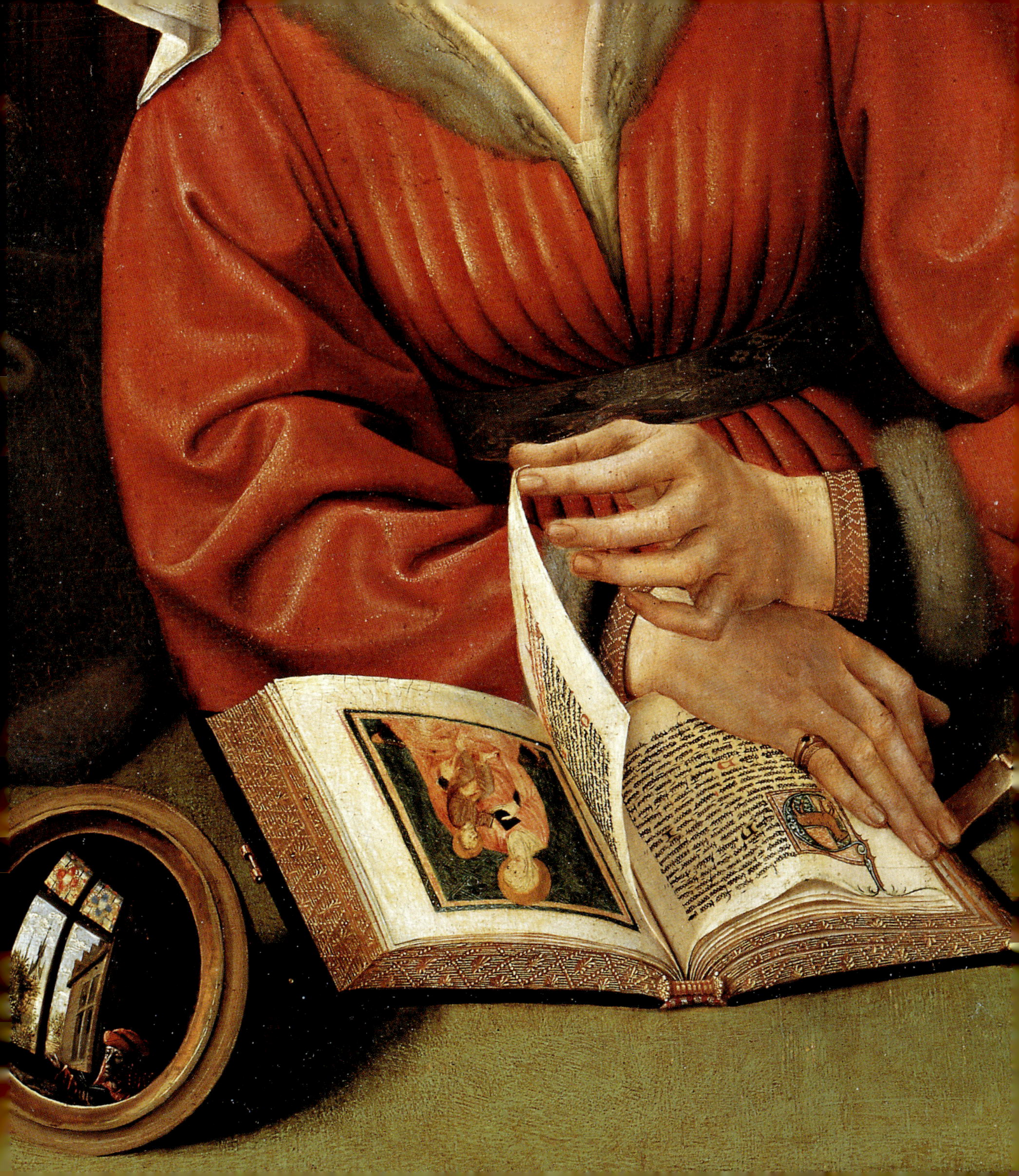

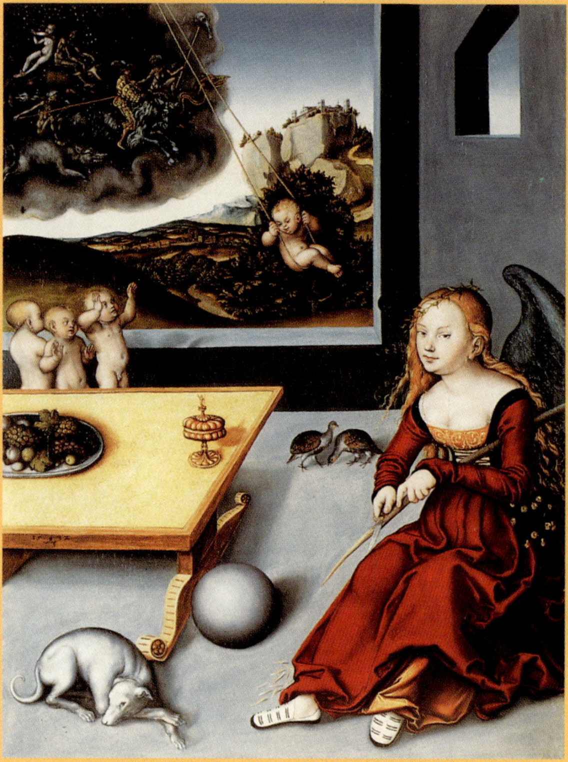

Cranach

Lucas Cranach l'ancien (1472-1553)
La Mélancolie, 1532
Huile sur bois , 76,5 cm x 56 cm
Colmar, musée d'Unterlinden

...La curiosité universelle, les connaissances scientifiques, les grandes découvertes, l'invention de l'imprimerie changent le monde. Ce temps de conquête et de progrès est aussi celui de l'inquiétude...

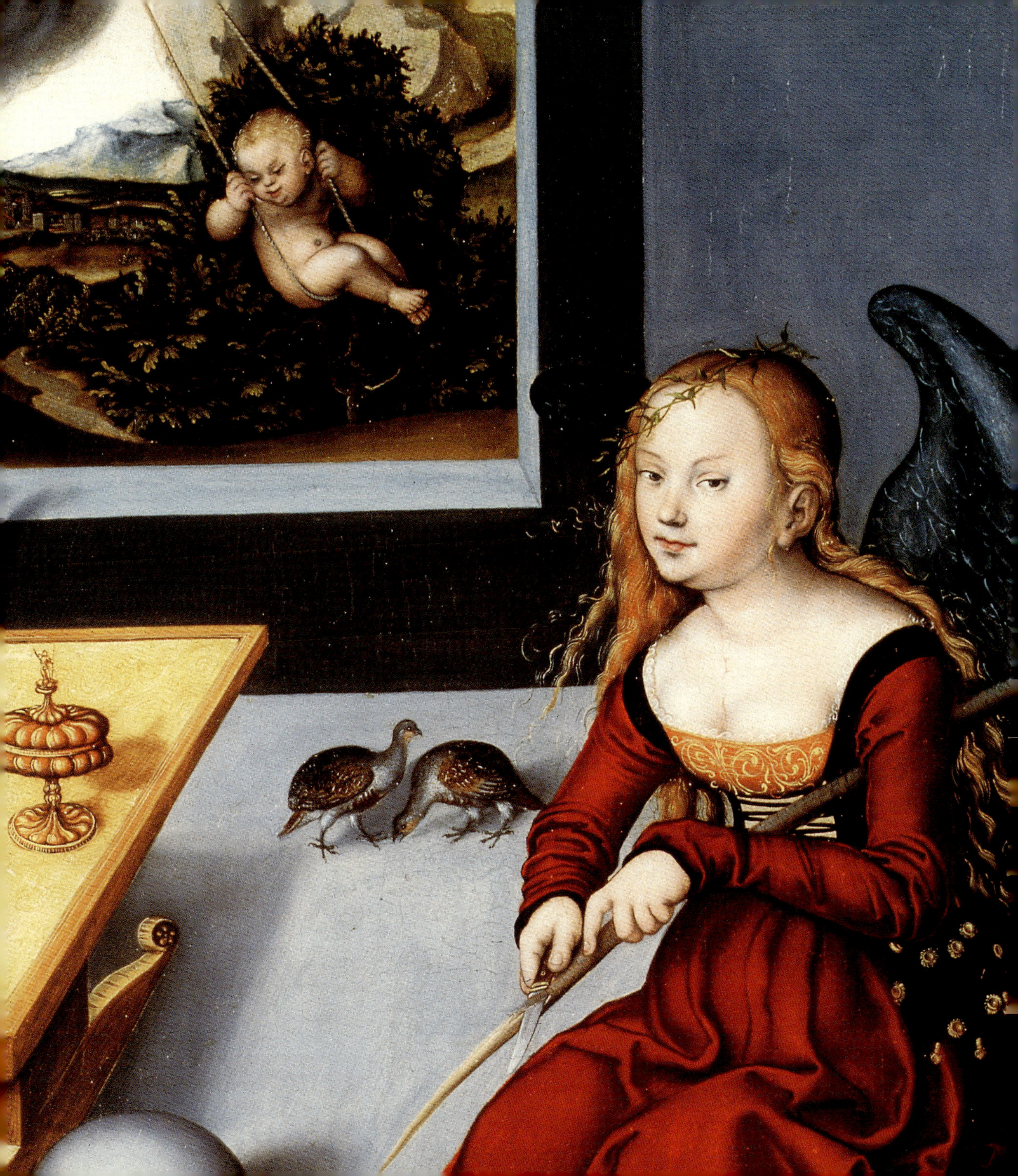

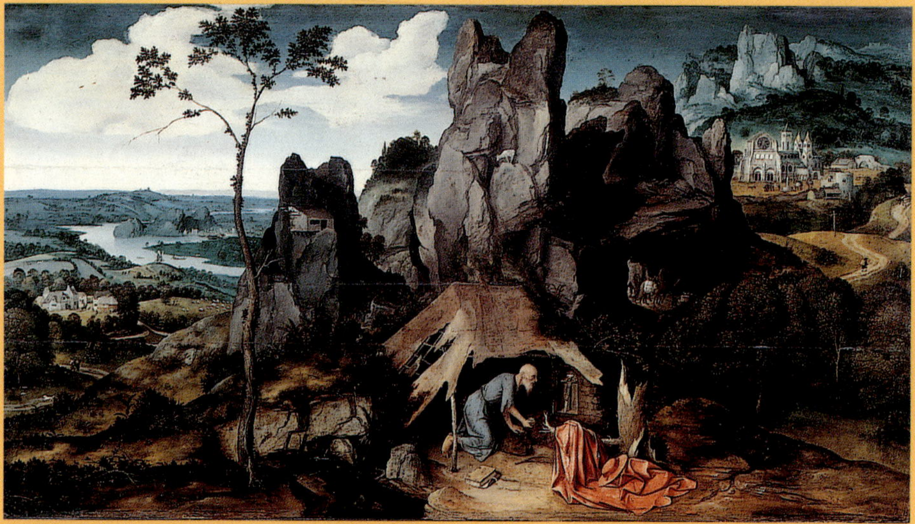

Patinir

Joachim Patinir
ou Patenier
(vers 1480-1524)
Saint Jérôme dans le désert
Huile sur bois,
78 cm x 137 cm
Paris, musée du Louvre

...Peu à peu, la représentation du paysage prend une place grandissante dans les tableaux...

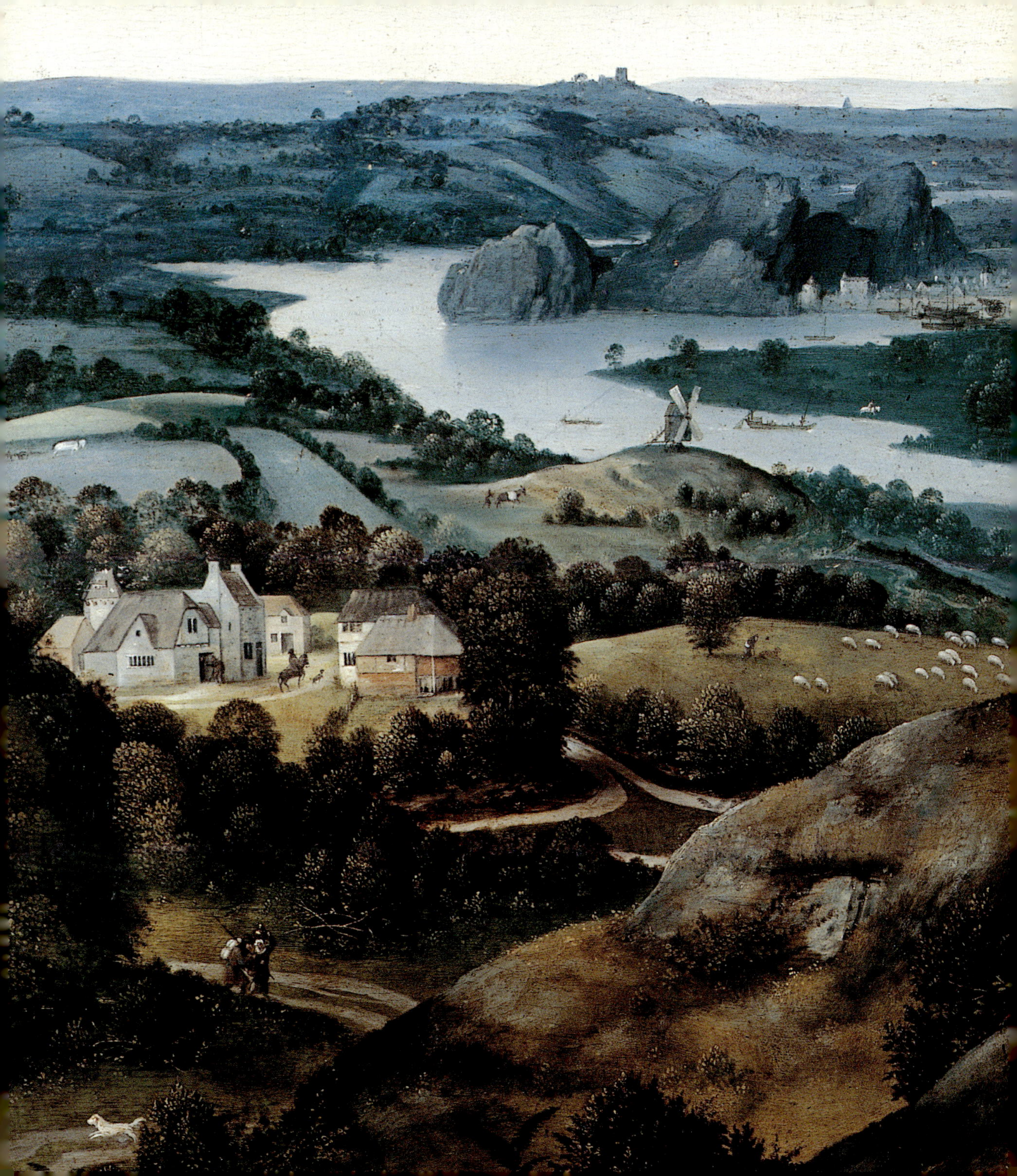

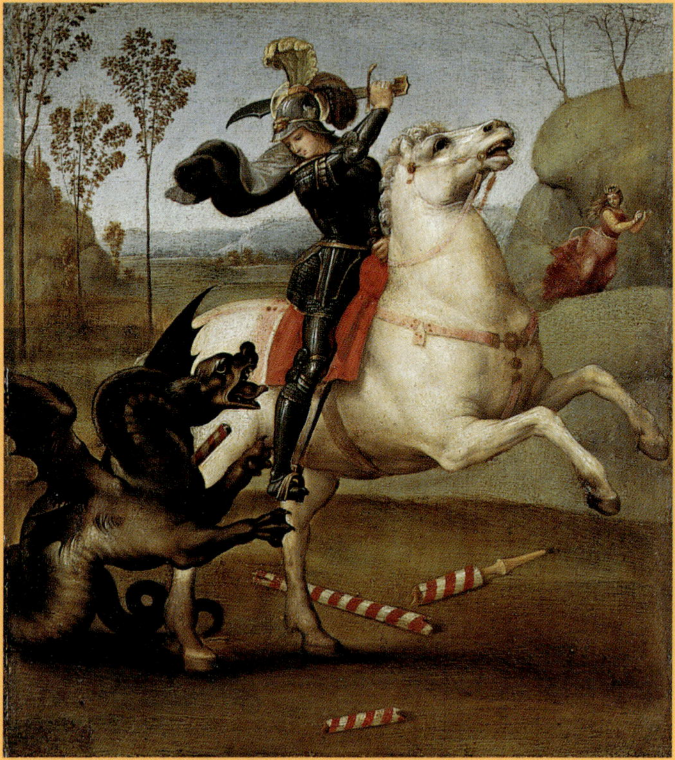

Raphaël

Raffaello Santi dit Raphaël (1483-1520)
Saint Georges luttant avec le dragon, vers 1505
Huile sur bois, 29,4 cm x 25,5 cm
Paris, musée du Louvre

...Pour faire face aux nombreuses commandes, les peintres sont organisés en ateliers, les apprentis sont au service du maître qui leur enseigne l'art de la peinture...

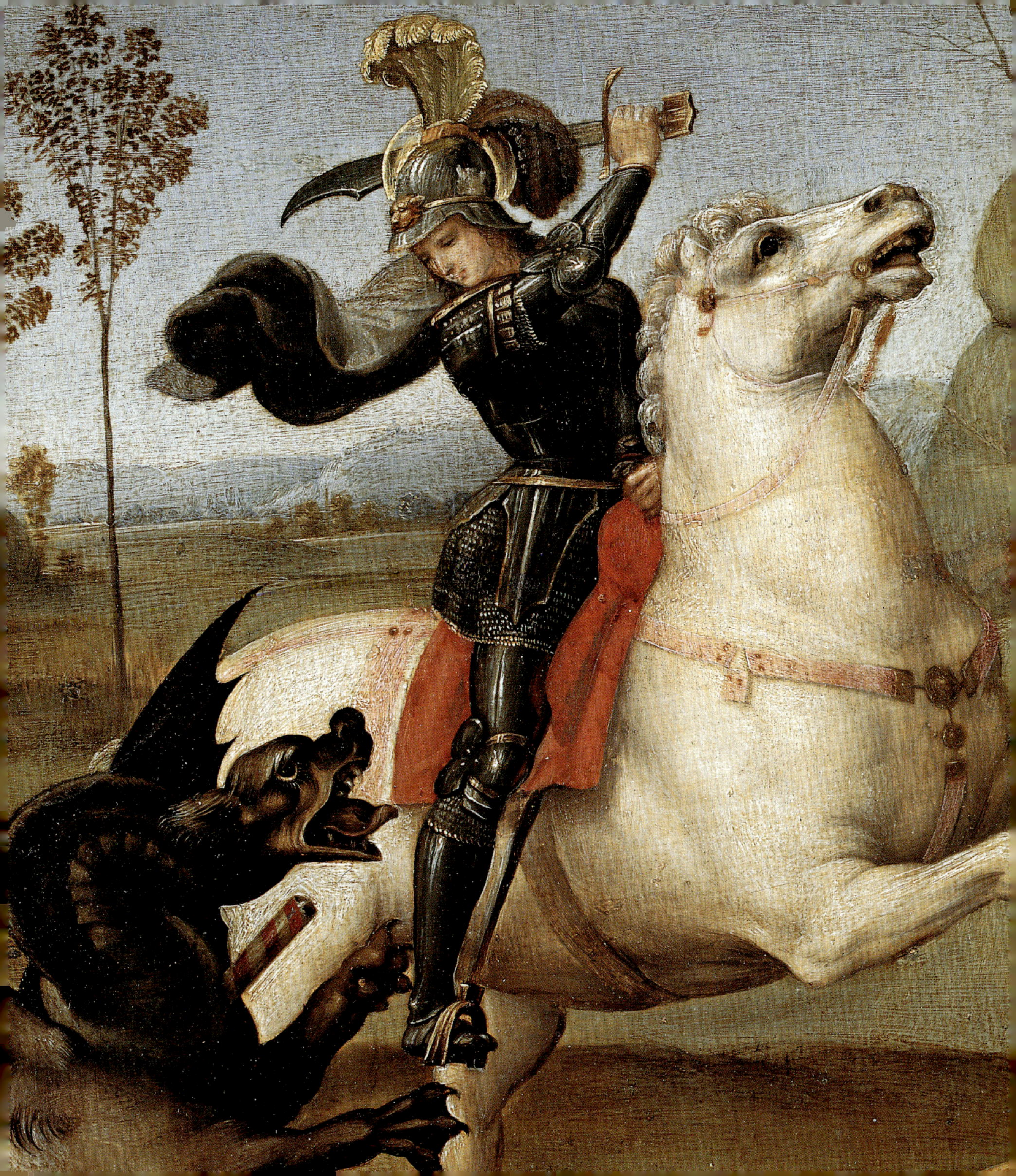

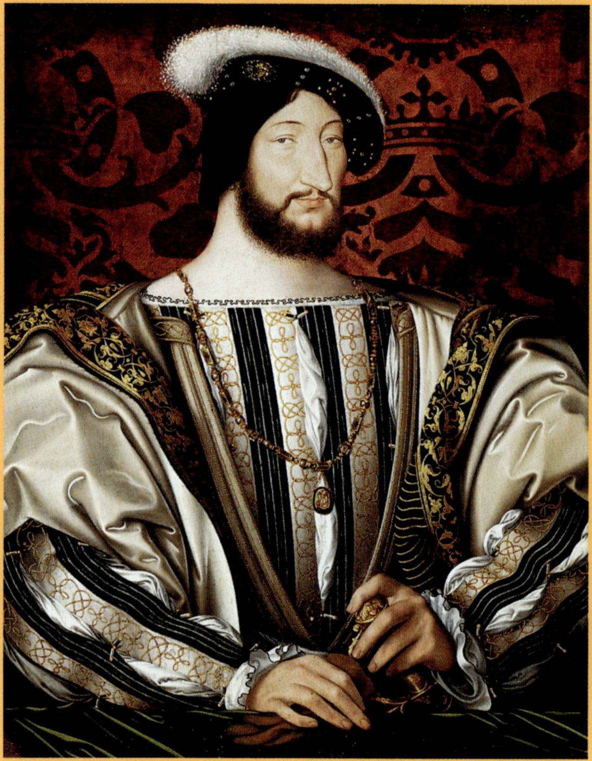

Clouet

Jean Clouet, dit Janet (vers 1485/90-vers 1541)
François Ier, roi de France, vers 1505
Huile sur bois , 96 cm x 74 cm
Paris, musée du Louvre

...Vivement soutenus et encouragés par François Ier, les artistes voyagent beaucoup. Dans toute l'Europe le marché de l'art est florissant. Les dirigeants riches et puissants commandent toutes sortes d'œuvres...

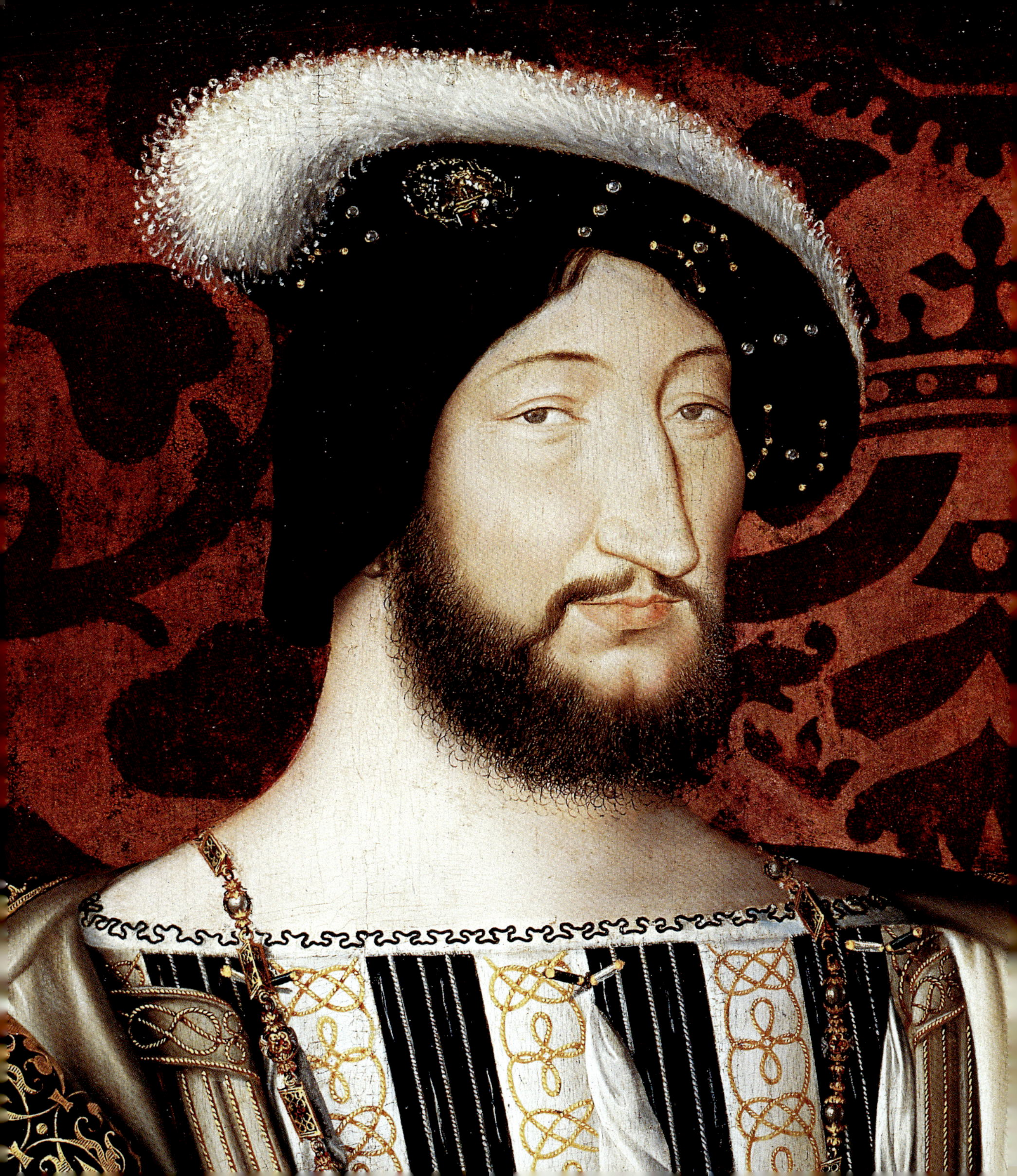

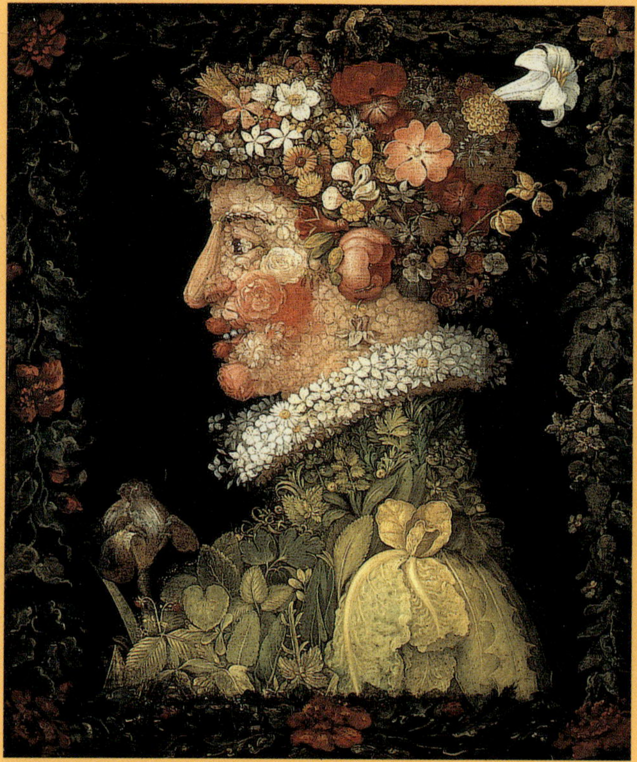

Arcimboldo

Giuseppe Arcimboldo (1527-1593)
Le Printemps, 1573
Huile sur toile, 76 cm x 63,5 cm
Paris, musée du Louvre

...C'est à partir du XVIe siècle que la peinture sur toile se généralise. On abandonne le bois, un support trop lourd qui craque aux écarts de température...

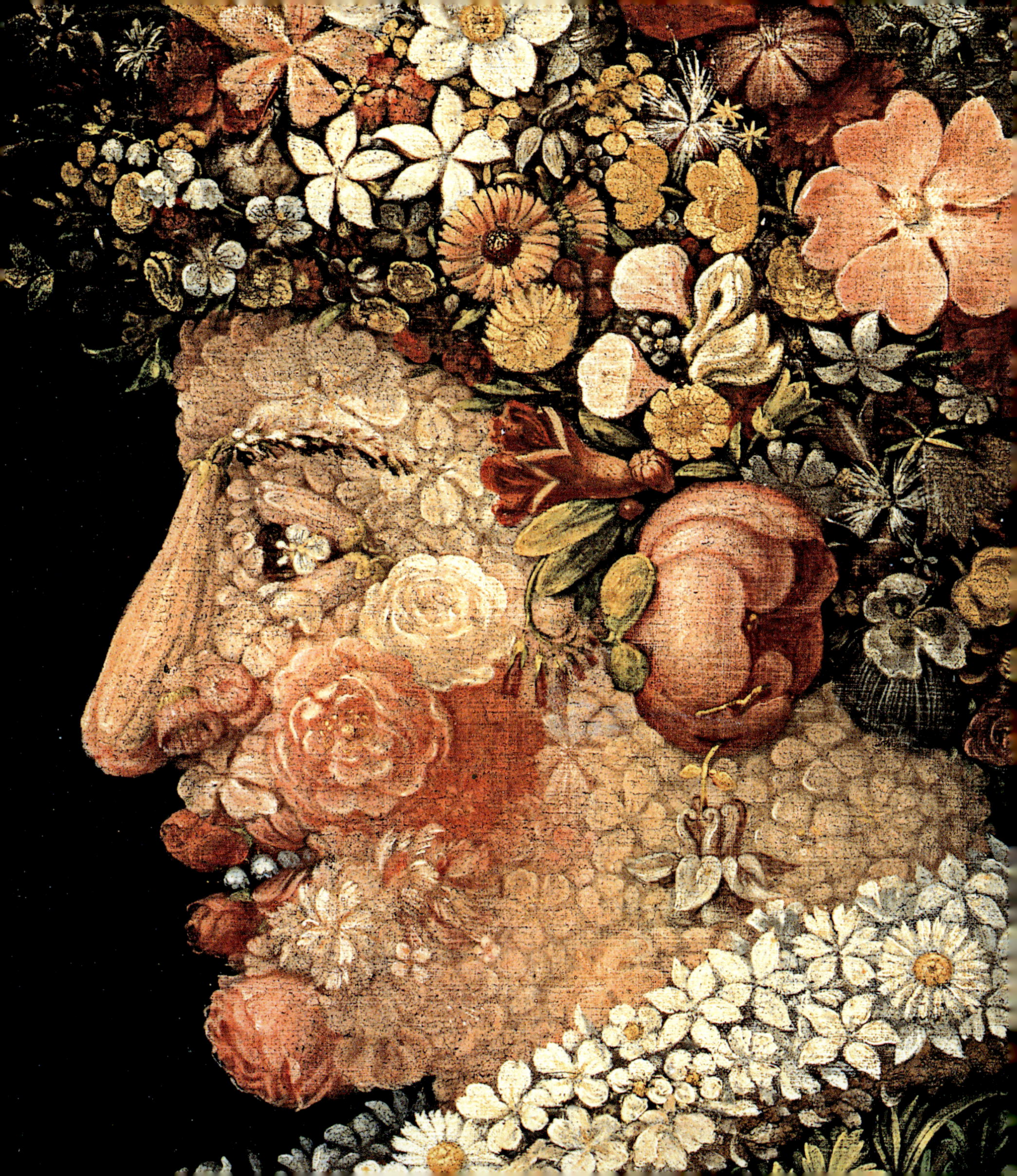

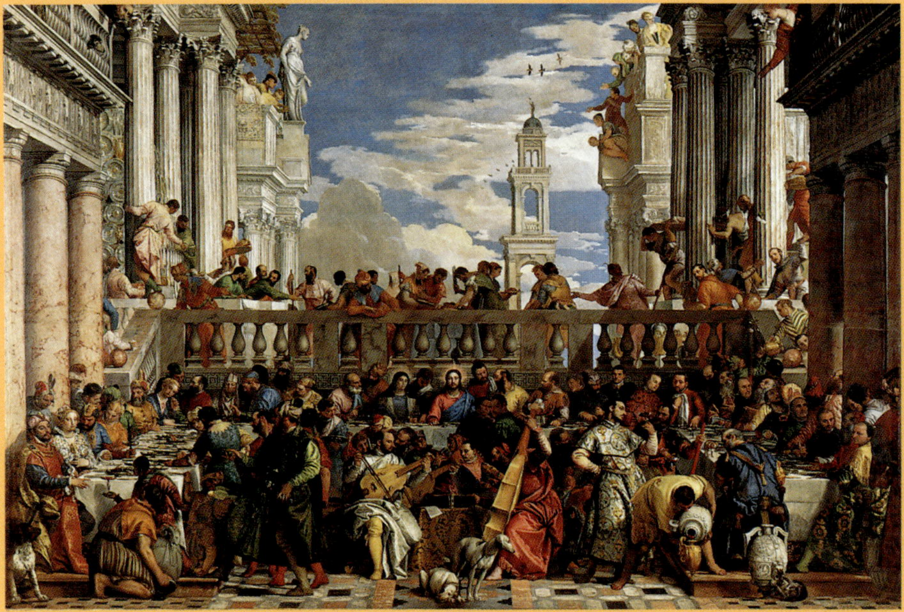

Véronèse

Paolo Caliari dit Véronèse
(1528-1588)
Les Noces de Cana, 1562-1563
Huile sur toile,
677 cm x 994 cm
Paris, musée du Louvre

*...Les toiles tissées de lin, de chanvre ou de genêt
sont tendues sur des châssis de bois.
Ainsi, aussi grand soit-il, le tableau reste transportable...*

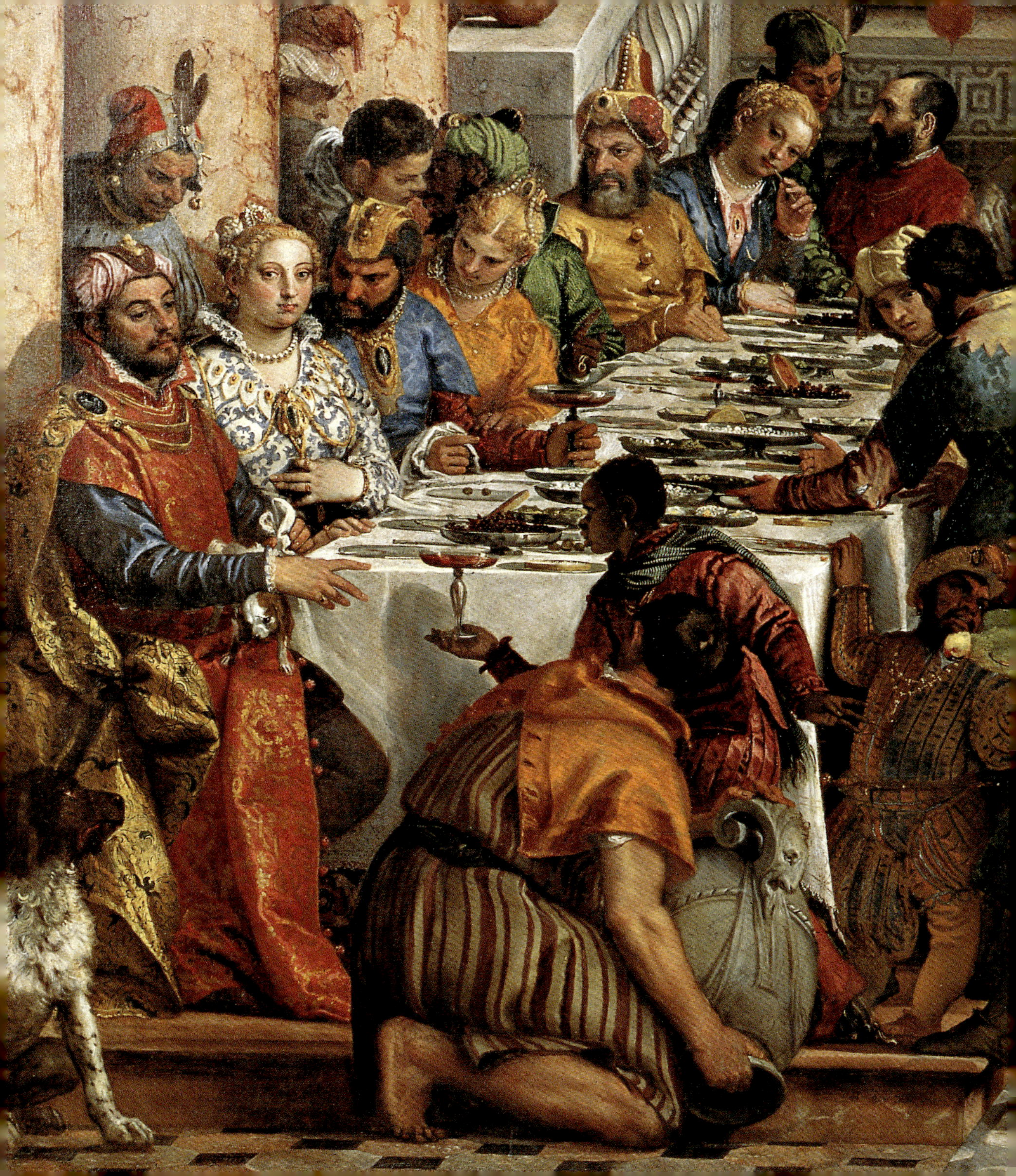

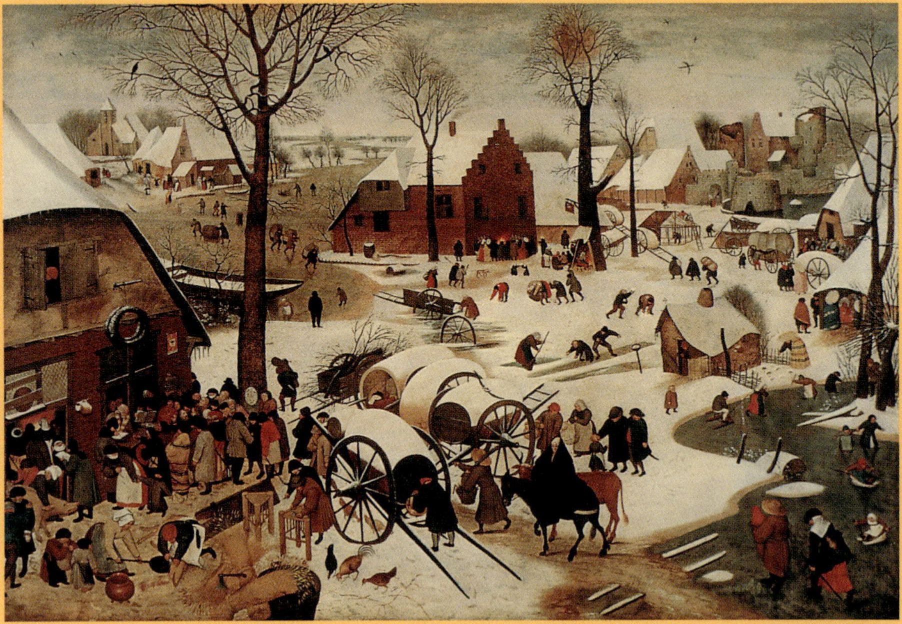

Brueghel

Pieter II Brueghel
(1564-1638)
Dénombrement à Bethléem, XVIe siècle
Huile sur bois,
117 cm x 167 cm
Arras, musée des Beaux-Arts

...Les sujets des peintures de la Renaissance sont religieux ou mythologiques. Les peintres commencent à représenter l'homme et le monde avec une réalité sensible.

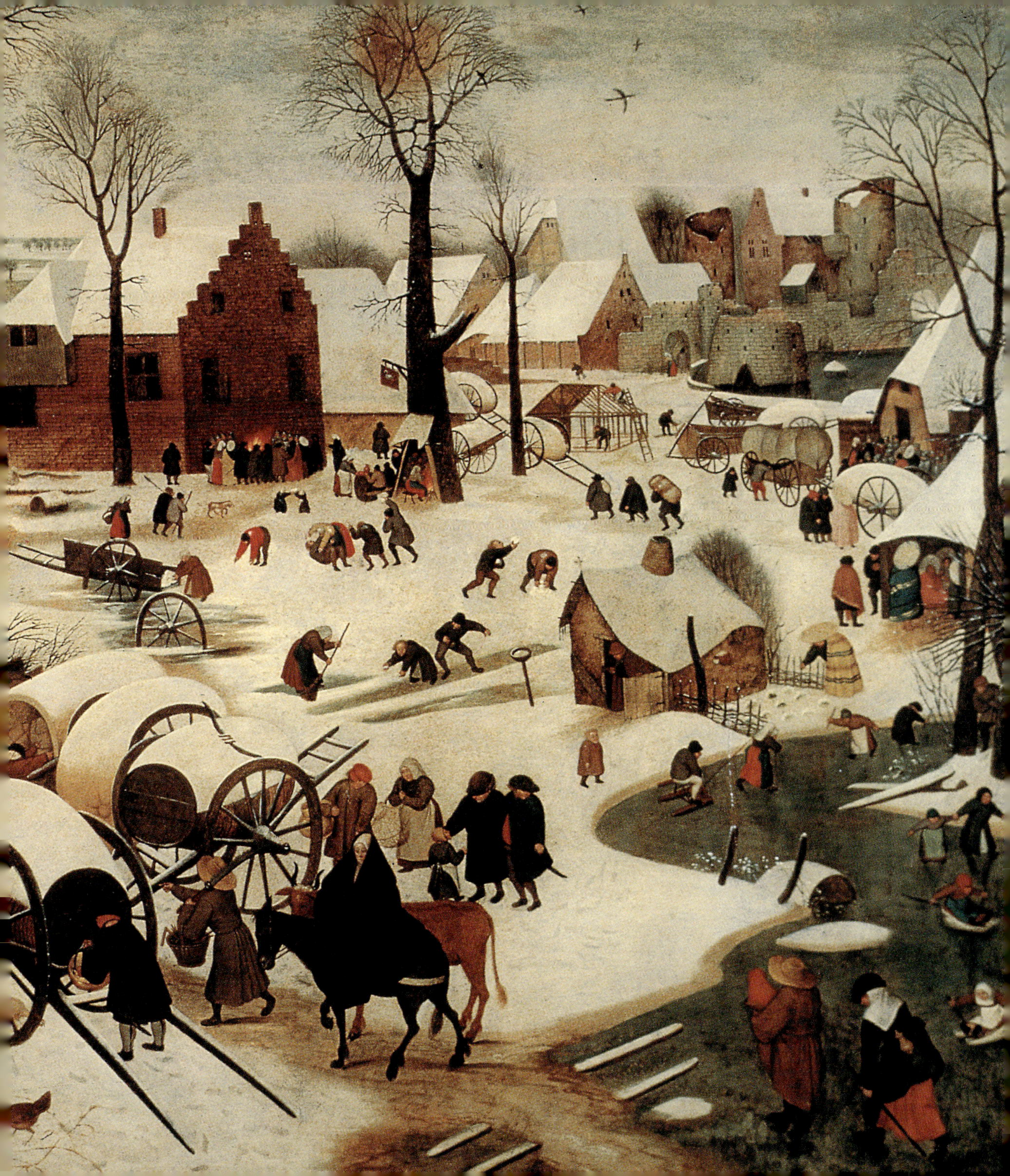

le XVIIe siècle

La famine, les épidémies
et la misère déclenchent
des révoltes dans tout le pays.
Louis XIII (1601-1643),
puis Louis XIV (1638-1715)
mènent des guerres de conquête
pour agrandir et établir
les frontières du royaume.
Le Roi-Soleil, monarque absolu,
entreprend la reconstruction
du pays tout au long
du “Grand Siècle”
et fait rayonner la France
dans toute l’Europe.

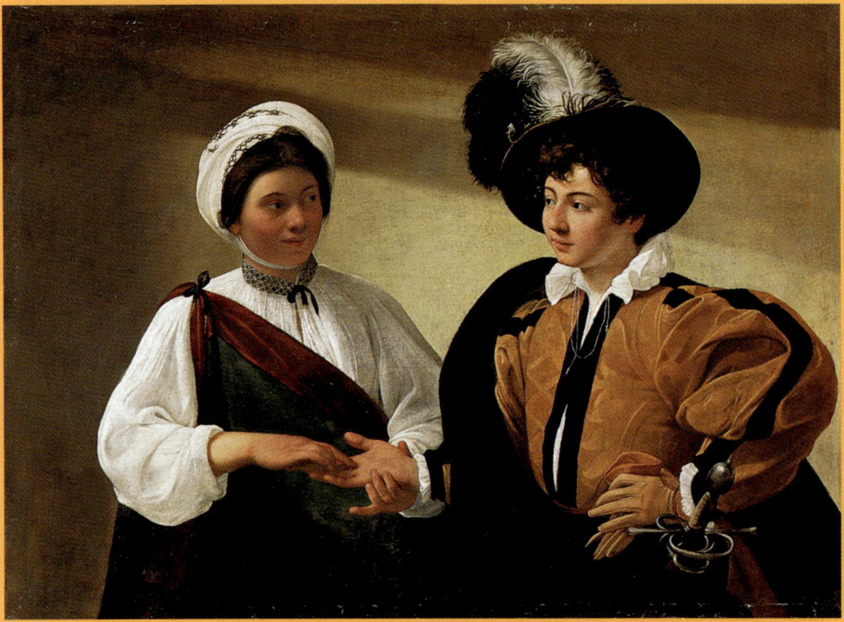

Caravage

Michelangelo Merisi dit Caravage
(vers 1571-1610)
La Diseuse de bonne aventure,
1596-1597
Huile sur toile, 99 cm x 131 cm
Paris, musée du Louvre

...Le peintre à cette époque représente différemment les éclairages dans les tableaux, par un jeu de passages de l'ombre à la lumière...

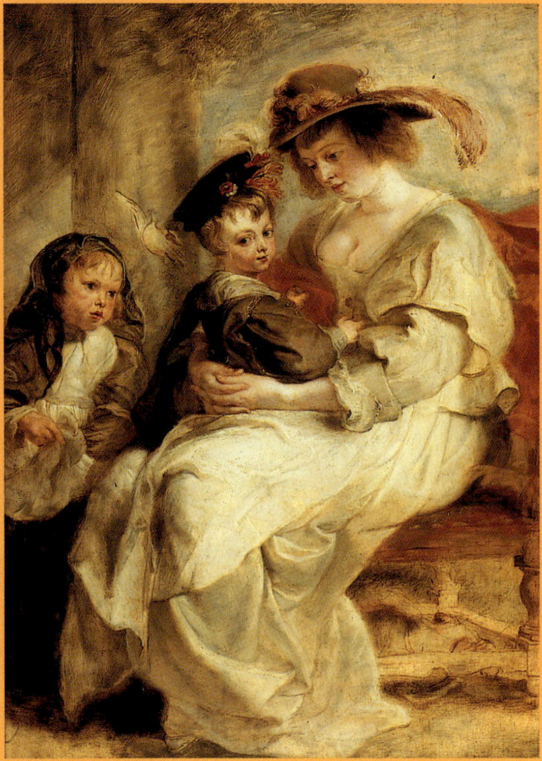

Rubens

Pierre Paul Rubens (1577-1640)
Hélène Fourment et ses enfants, 1636-1637
Huile sur bois, 115 cm x 85 cm
Paris, musée du Louvre

*...Il peint des scènes
simples et familières et donne une image
humaine et réaliste de ses modèles...*

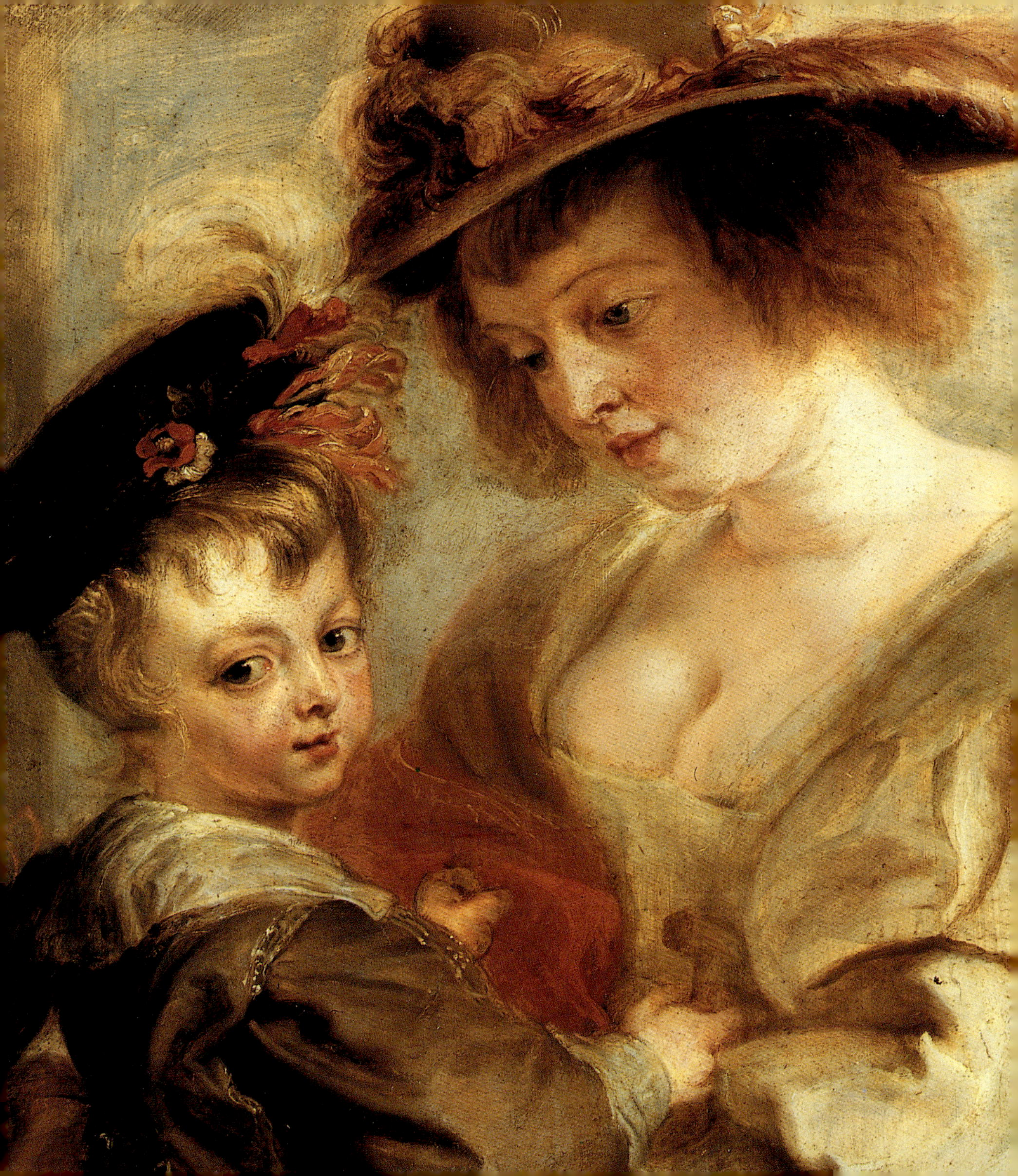

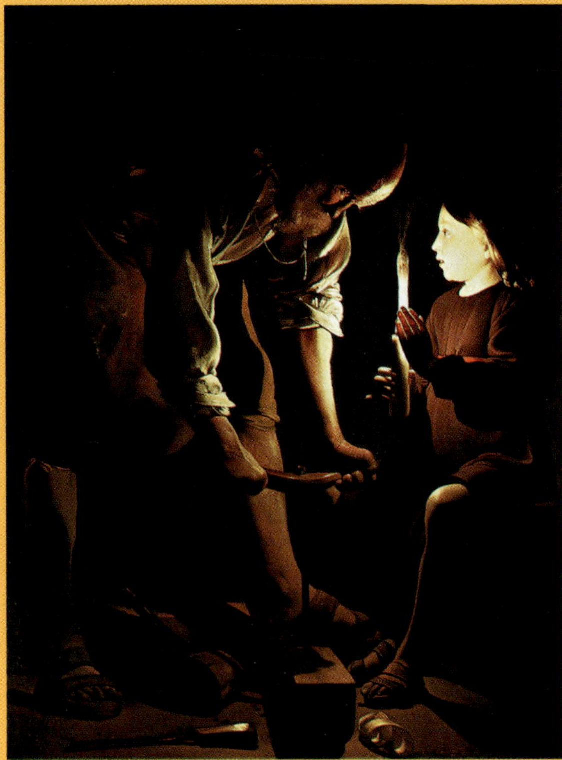

La Tour

Georges de La Tour (1593-1652)
Saint Joseph charpentier
Huile sur toile, 137 cm x 102 cm
Paris, musée du Louvre

...Il joue avec les contrastes lumineux et provoque, grâce aux effets du clair-obscur, une profonde émotion picturale...

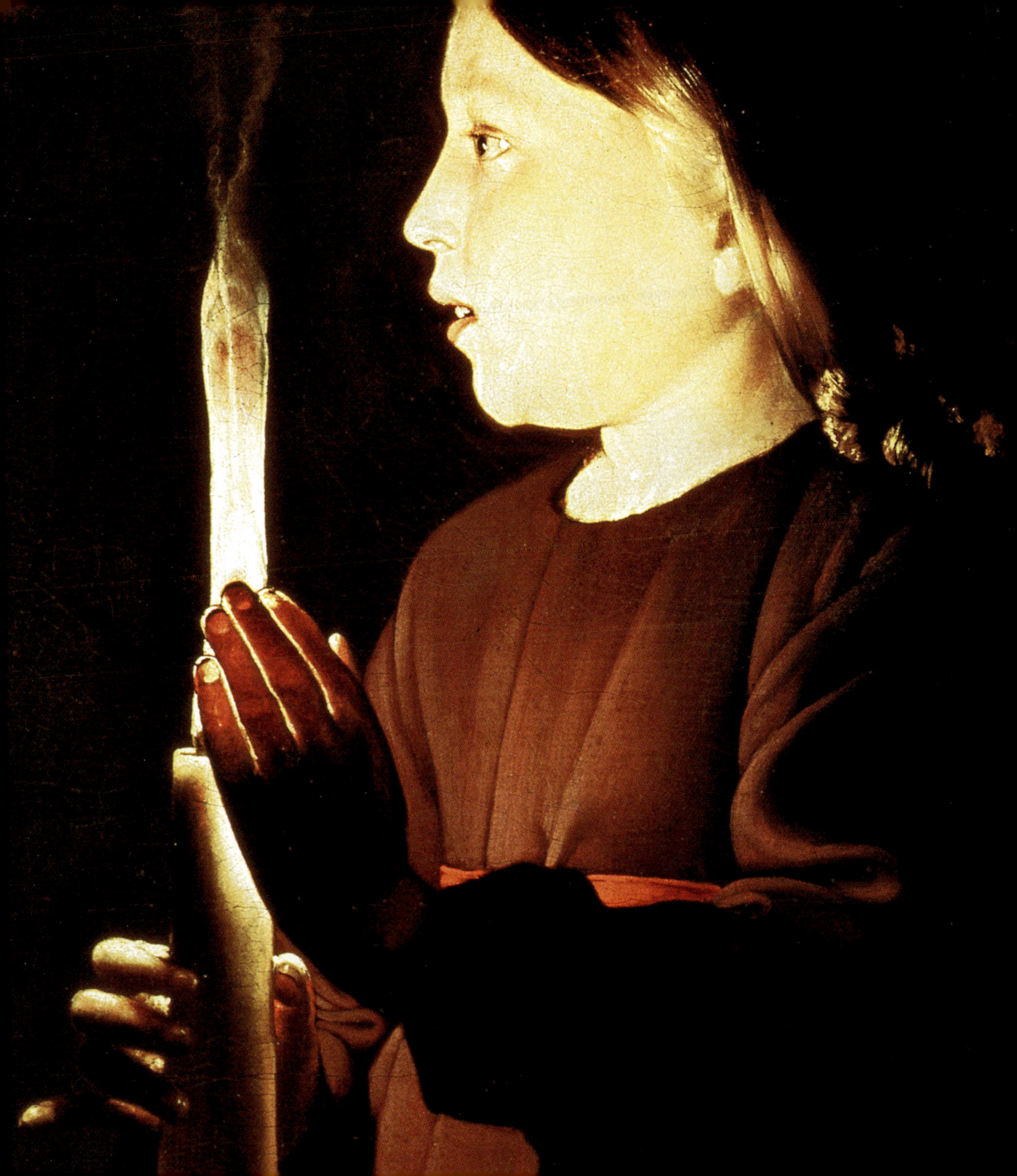

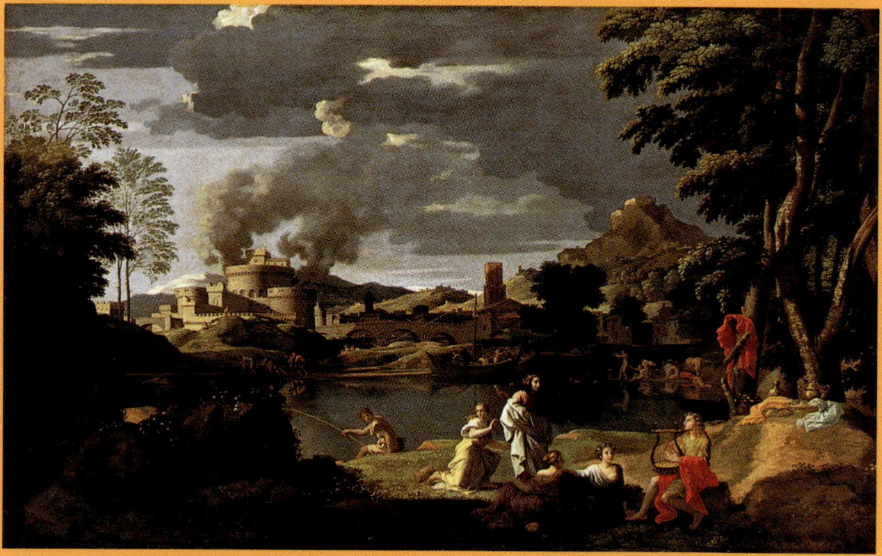

Poussin

Nicolas Poussin
(1594-1665)
Orphée et Eurydice
Huile sur toile,
124 cm x 200 cm
Paris, musée du Louvre

...Les artistes regardent le monde qui les entoure et observent la nature. Les paysages sont de nouveaux sujets de tableaux, peints avec rigueur et harmonie...

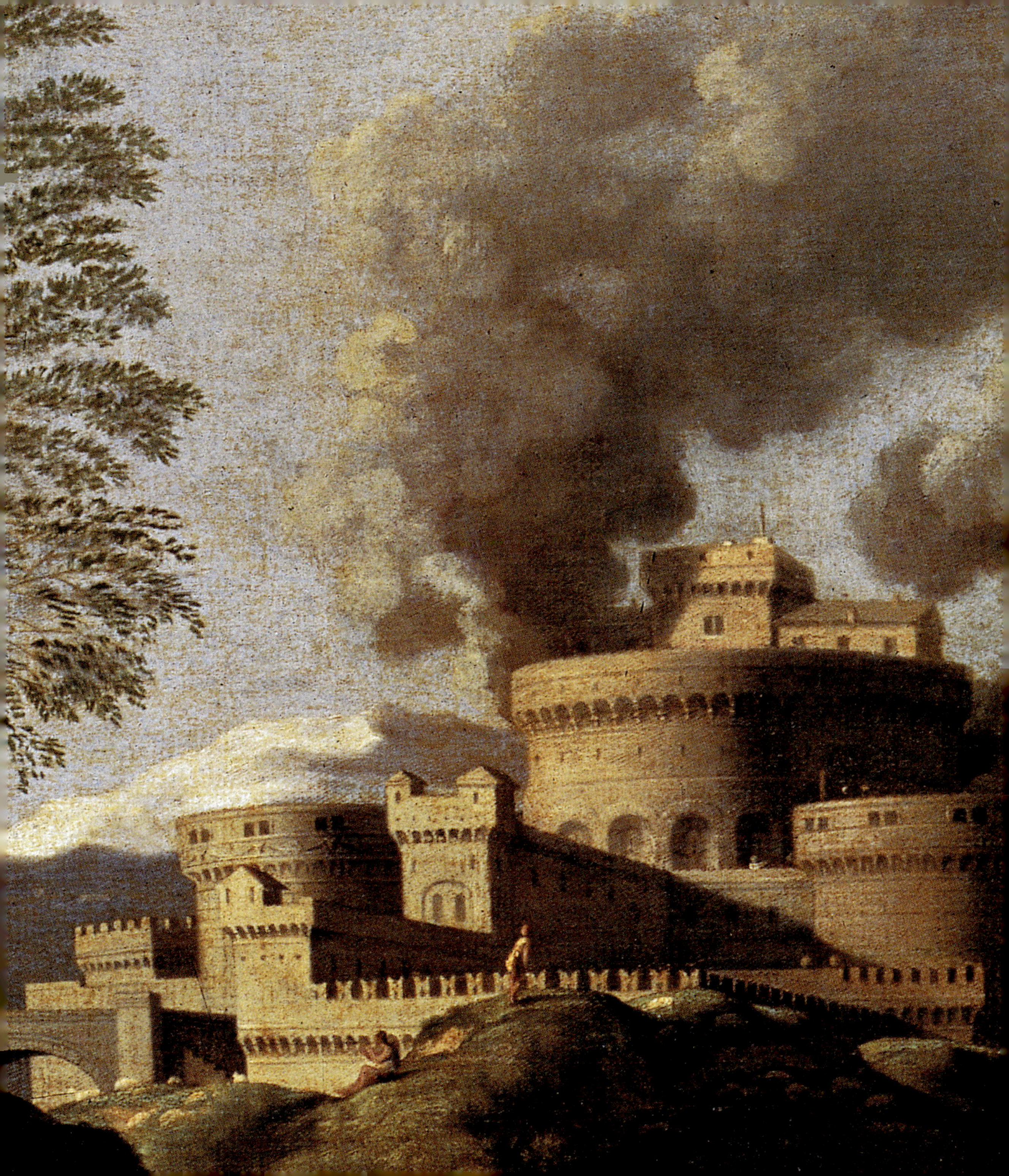

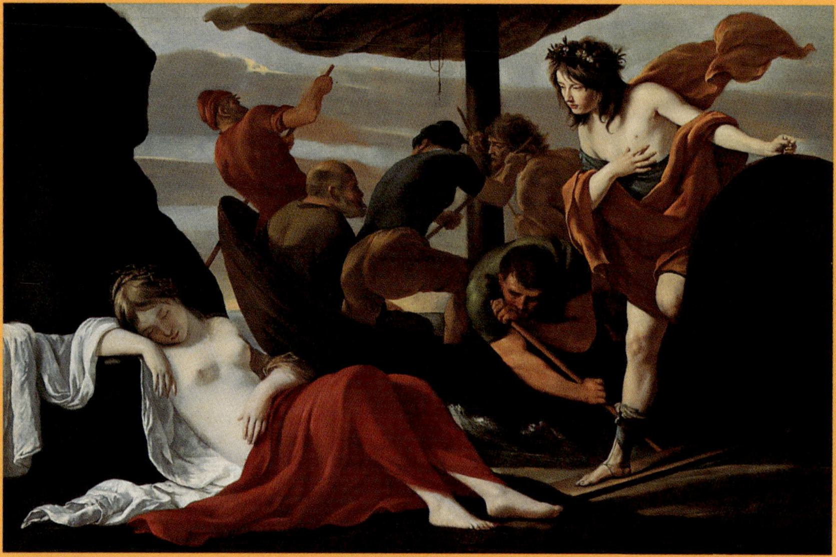

Le Nain

Les frères Le Nain, Antoine et Louis
(1602/1610-1648),
Mathieu (1602/1610-1677)
Bacchus et Ariane, vers 1635
Huile sur toile,
102 cm x 152 cm
Orléans, musée des Beaux-Arts

...La peinture classique s'impose par sa composition faite d'ordre et de raison sur le modèle des arts de l'Antiquité et de la Renaissance...

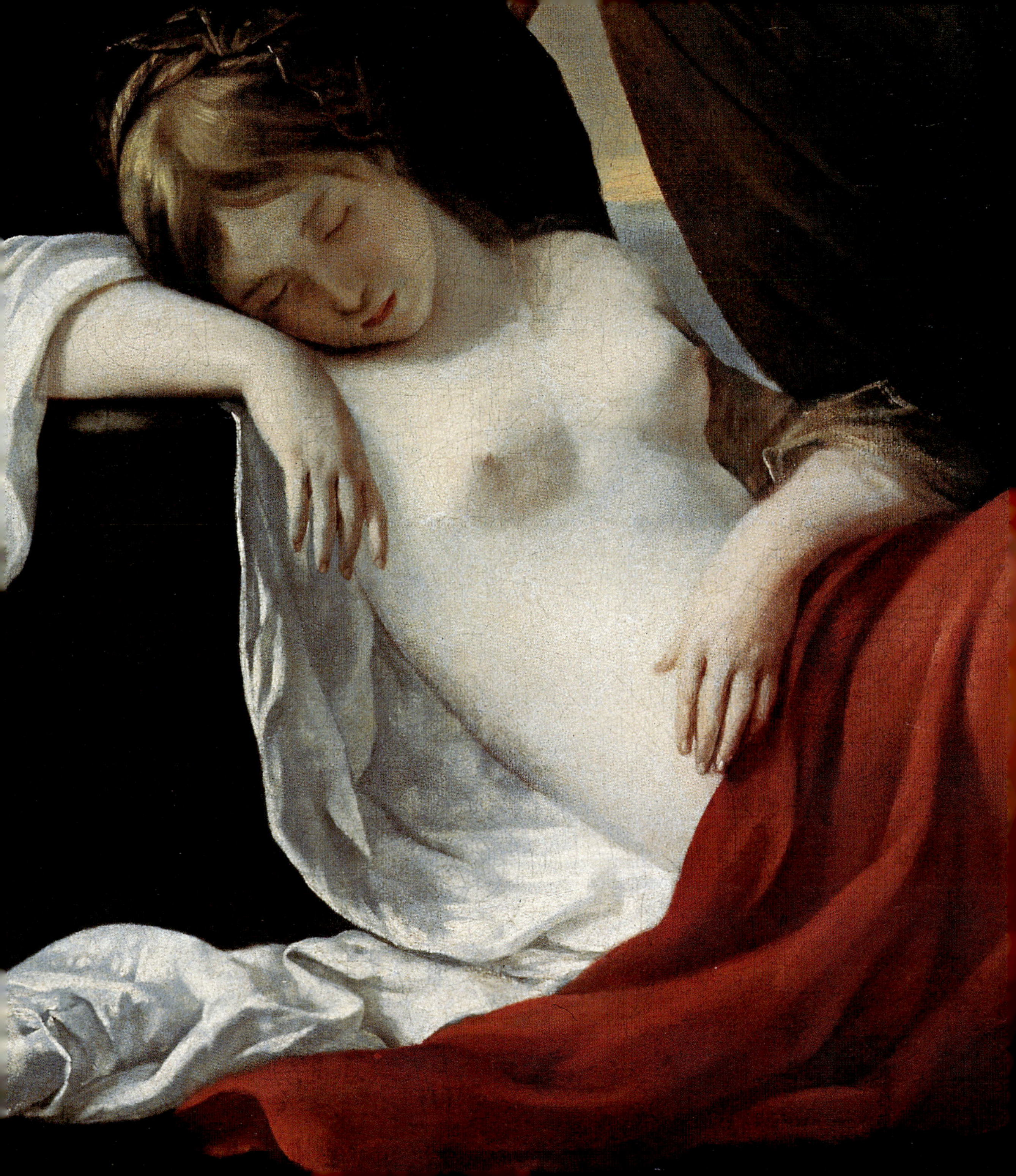

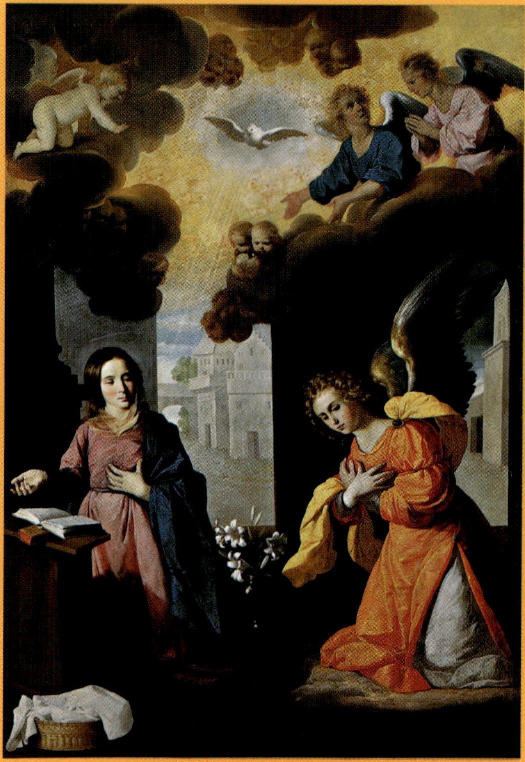

Zurbaran

Francisco de Zurbaran (1598-1664)
L'Annonciation, 1638-1639
Huile sur toile, 266 cm x 184,5 cm
Grenoble, musée des Beaux-Arts

...Face au classicisme français,
la peinture baroque, faite de fougue, de mouvement et d'illusion,
domine en Italie et en Espagne...

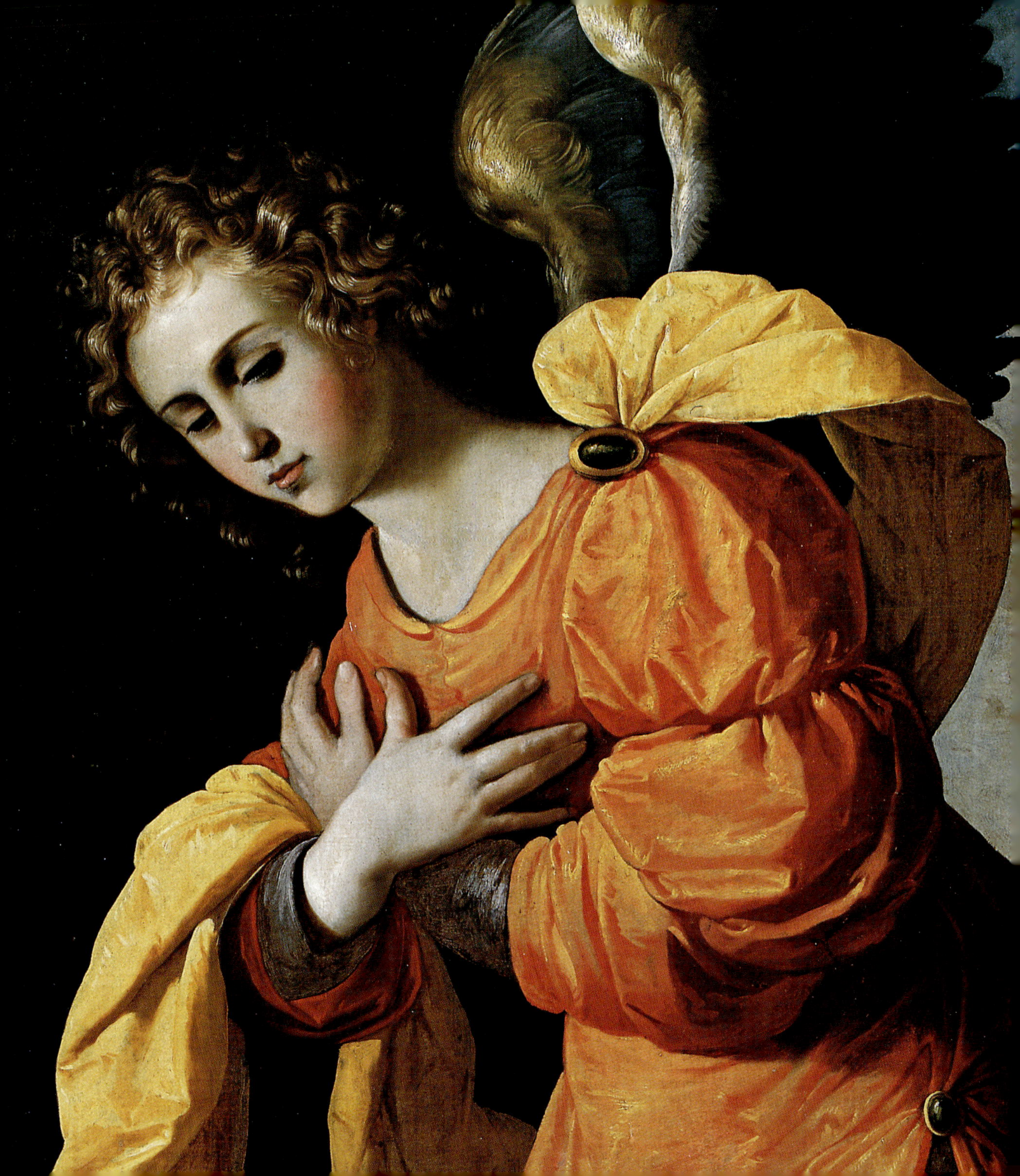

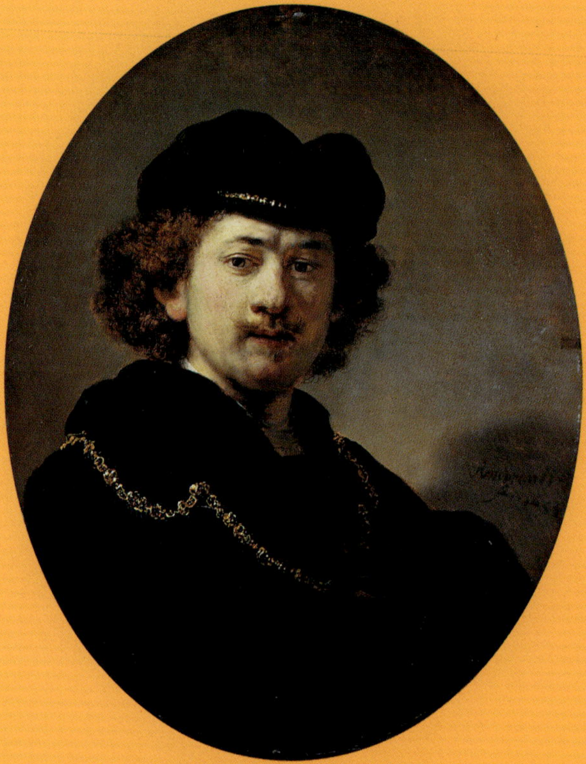

Rembrandt

Harmensz van Rijn Rembrandt, dit Rembrandt (1606-1669)
Portrait de l'artiste à la toque et à la chaîne d'or, 1633
Huile sur bois, 70 cm x 53 cm
Paris, musée du Louvre

...La nature humaine se révèle,
au travers de portraits, miroirs de l'âme,
sensibles et sans complaisance...

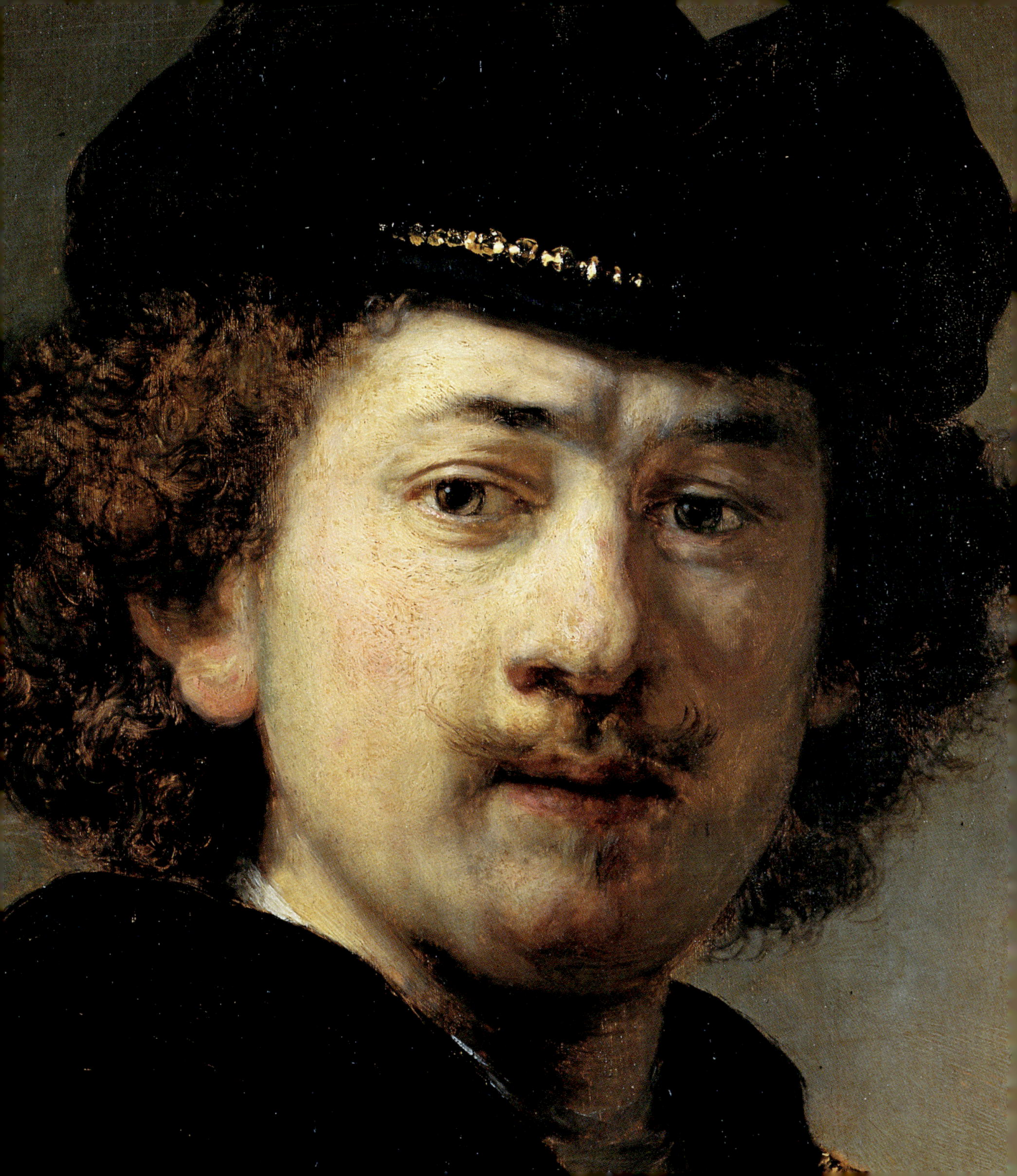

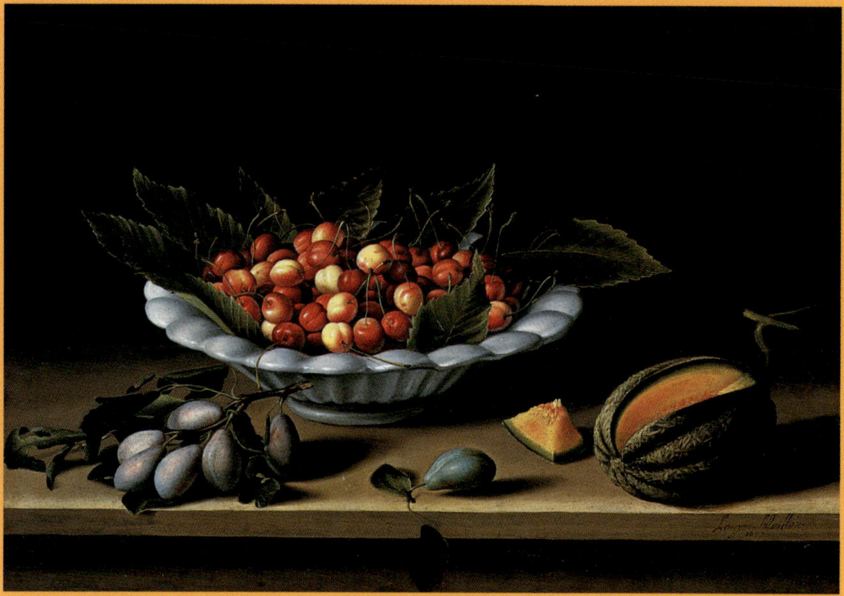

Moillon

Louise Moillon
(1610-1696)
Coupe de cerises, prunes et melon,
163(3?)
Huile sur bois,
48 cm x 65 cm
Paris, musée du Louvre

...Les thèmes historiques ou religieux sont parfois délaissés par l'artiste qui accorde plus d'intérêt à des sujets simples tels que des natures mortes...

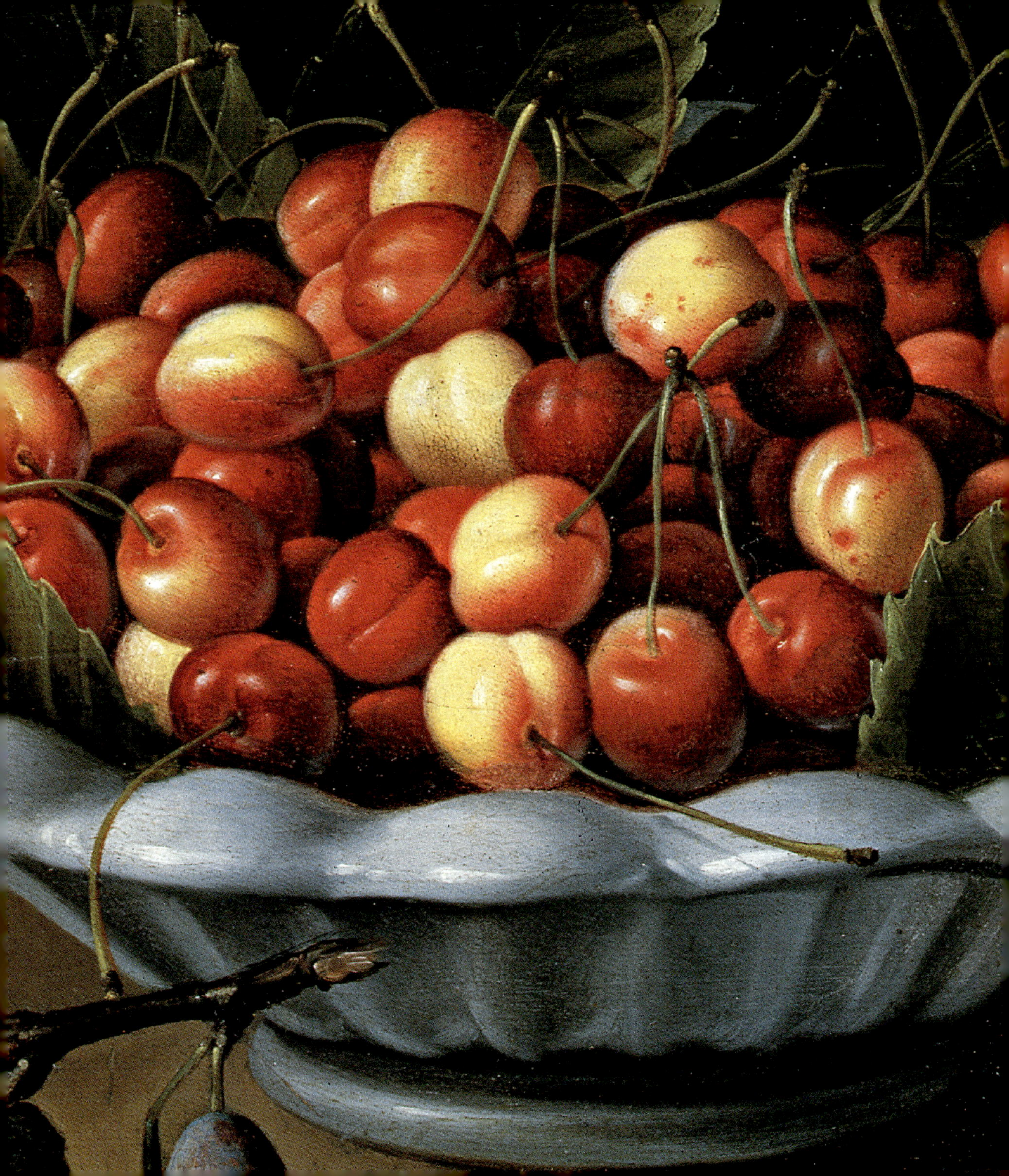

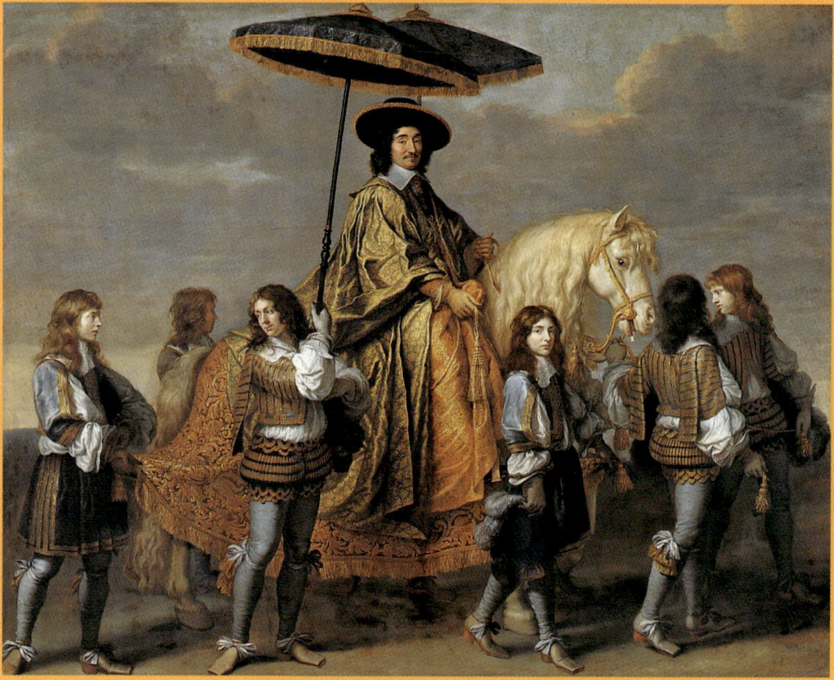

Le Brun

Charles Le Brun
(1619-1690)
Le Chancelier Séguier
Huile sur toile,
295 cm x 357 cm
Paris, musée du Louvre

...C'est par les arts que le Roi-Soleil veut imposer sa puissance. Il crée l'Académie royale de peinture qui organise des expositions et enseigne pour perpétuer le savoir et la tradition des grands maîtres...

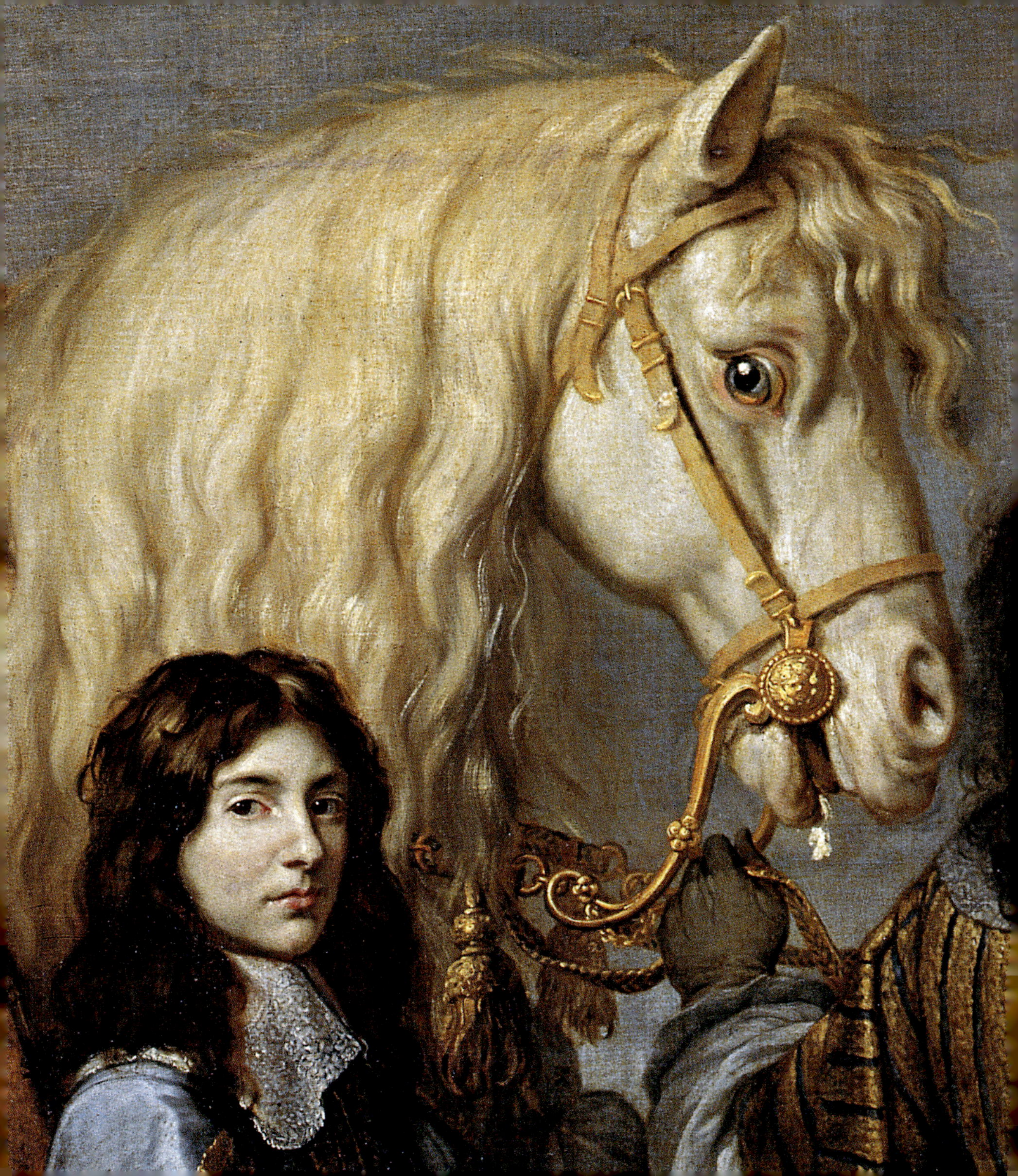

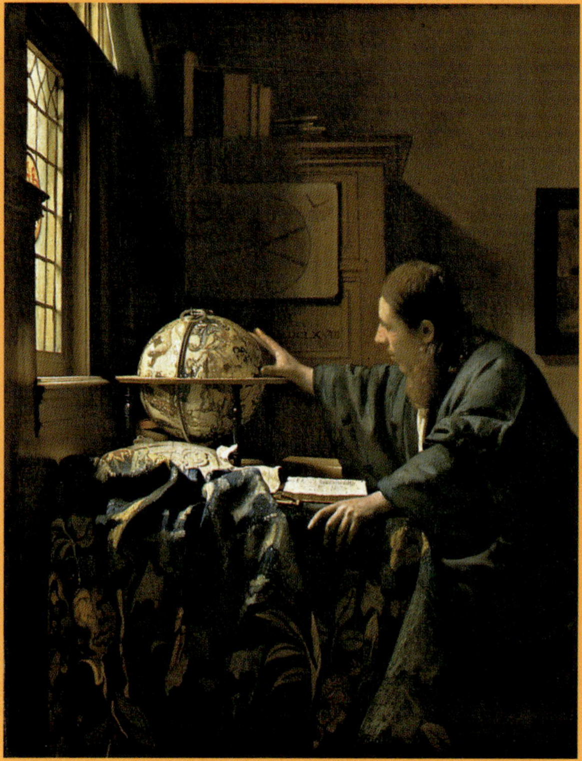

Vermeer

Johannes Vermeer dit Veermer de Delft (1632-1675)
L'Astronome dit ***l'Astrologue,*** 1668
Huile sur toile, 51,5 cm x 45,5 cm
Paris, musée du Louvre

...Le XVIIe siècle est aussi celui des grands mathématiciens, physiciens, astronomes et médecins qui ouvrent les portes de la science moderne. L'inspiration des peintres se nourrit de toutes ces découvertes.

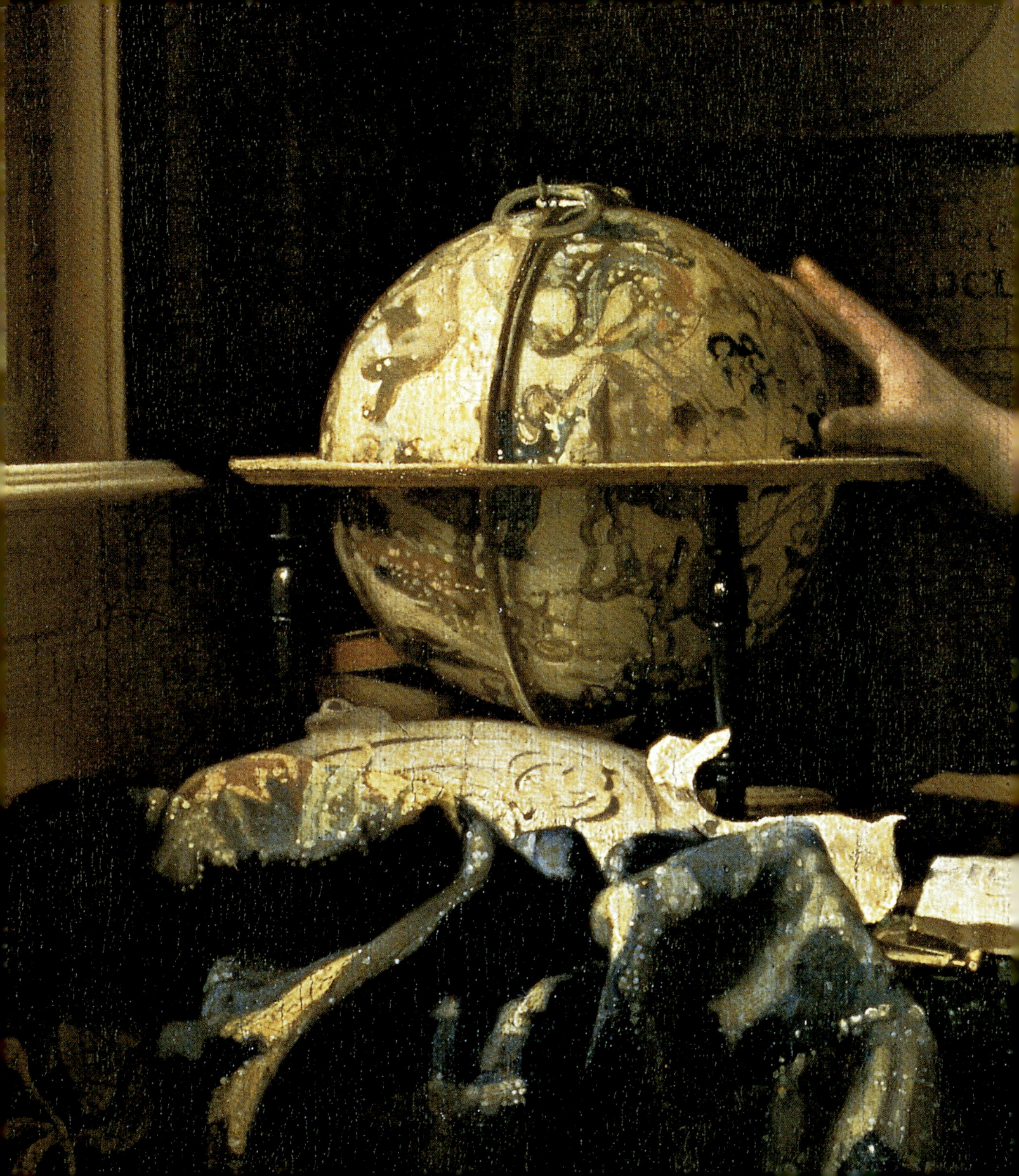

le XVIIIe siècle

Louis XV (1710-1774)

succède à son arrière-grand-père,

Louis XIV, en 1715. Le XVIIIe siècle

est celui des « Lumières »: les philosophes,

encyclopédistes, scientifiques et artistes

éclairent de leurs idées neuves cette époque.

Ils défendent la liberté de penser,

la tolérance, et luttent contre le pouvoir

absolu du roi et l'influence de l'Église.

Louis XVI (1754-1793) ne pourra faire face

à ces idées qui nourrissent la Révolution.

La monarchie absolue s'effondre :

la Ière République est proclamée

le 21 septembre 1792.

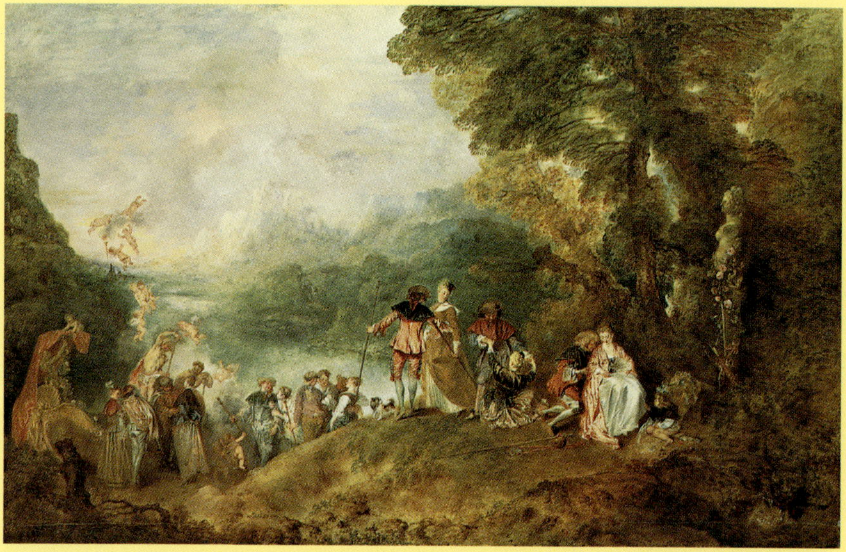

Watteau

Jean-Antoine Watteau
(1684-1721)
Pèlerinage à l'île de Cythère
dit ***L'Embarquement pour Cythère,*** 1717
Huile sur toile,
129 cm x 194 cm
Paris, musée du Louvre

*...Le pouvoir royal sollicite moins les peintres,
de nouveaux amateurs apprécient un art plus libertin.
Les tableaux sont légers et raffinés...*

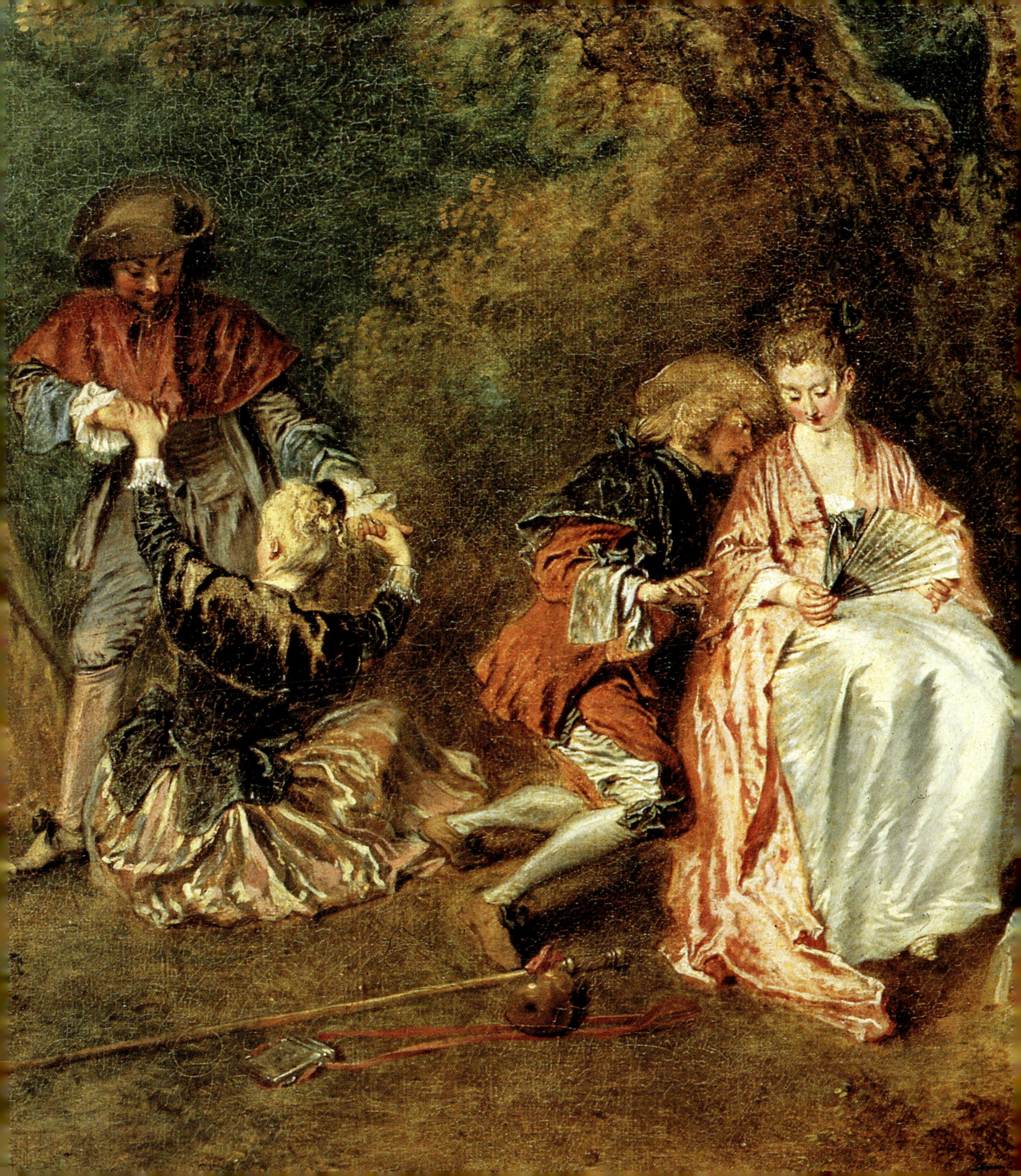

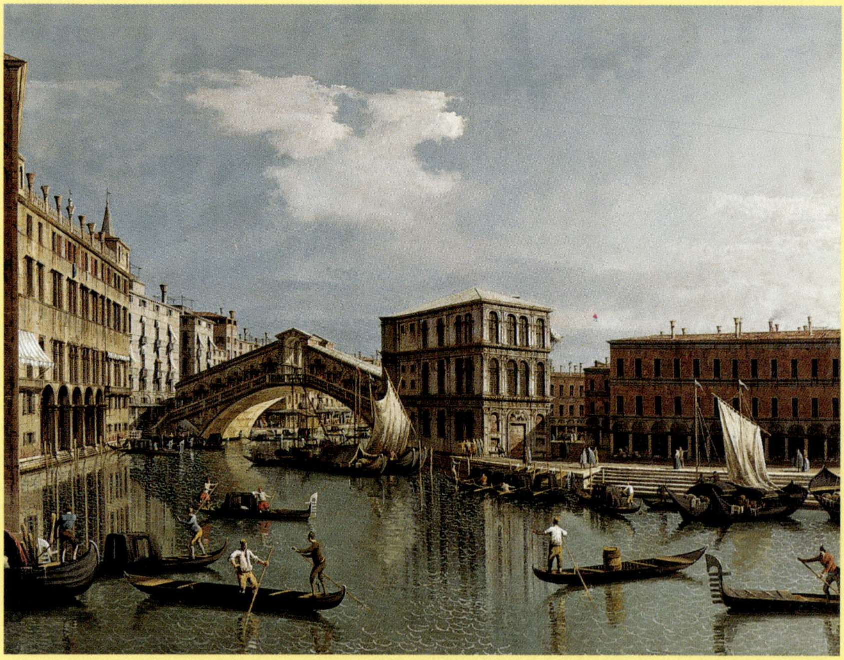

Canaletto

Antonio Canaletto
(1697-1768)
Le Pont du Rialto
Huile sur toile,
119 cm x 154 cm
Paris, musée du Louvre

...La palette du peintre s'enrichit de tonalités colorées tendres et douces...

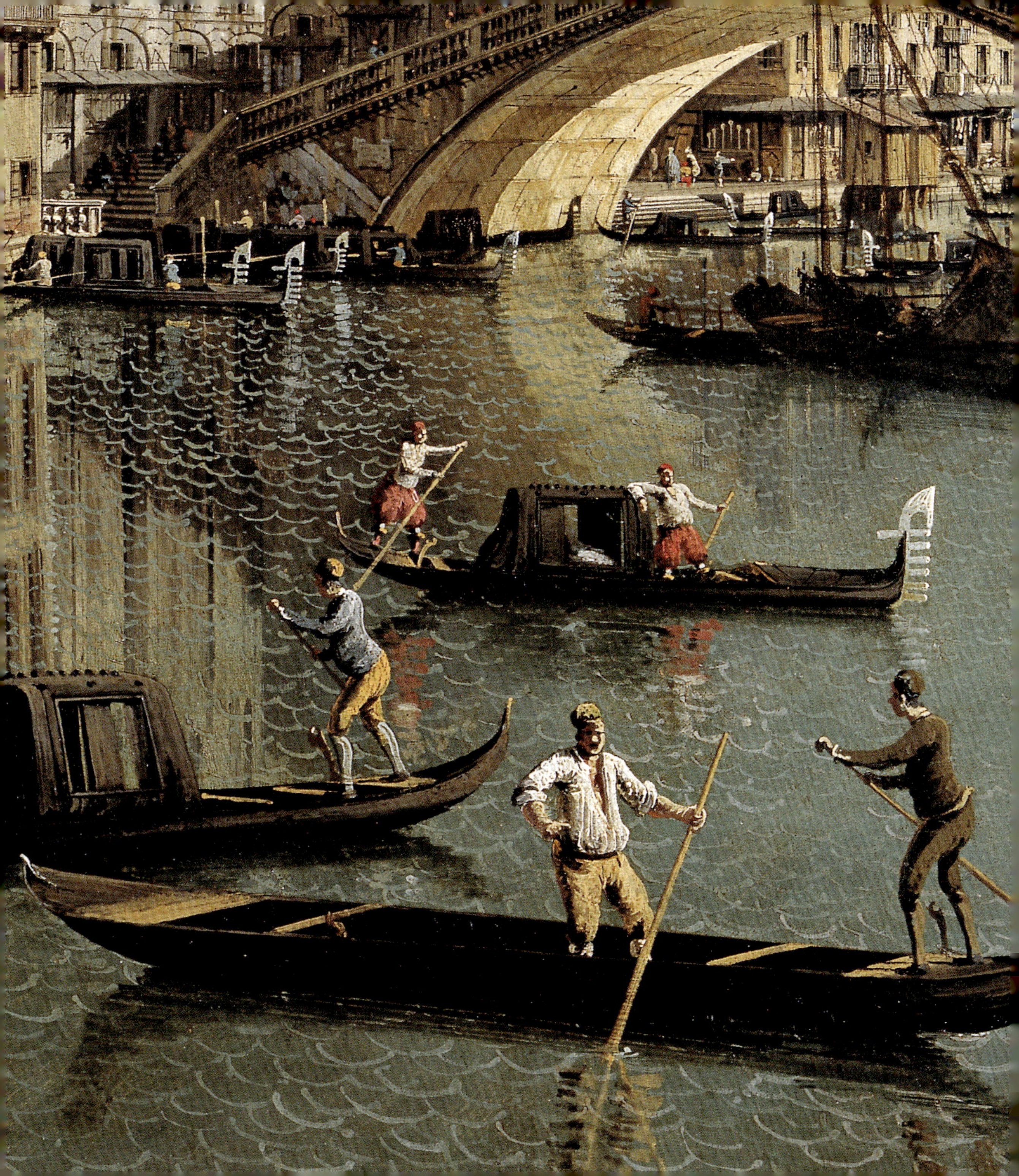

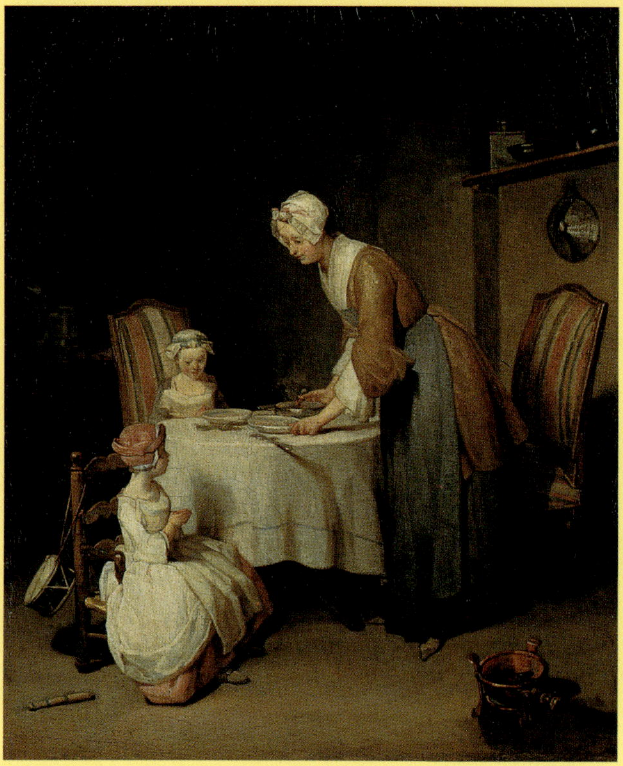

Chardin

Jean-Baptiste Siméon Chardin (1699-1779)
Le Bénédicité, 1740
Huile sur toile, 49,5 cm x 41 cm
Paris, musée du Louvre

...Les artistes peignent des scènes de genre avec simplicité. Ils s'éloignent d'une peinture classique et académique qui privilégie les sujets historiques, mythologiques et religieux...

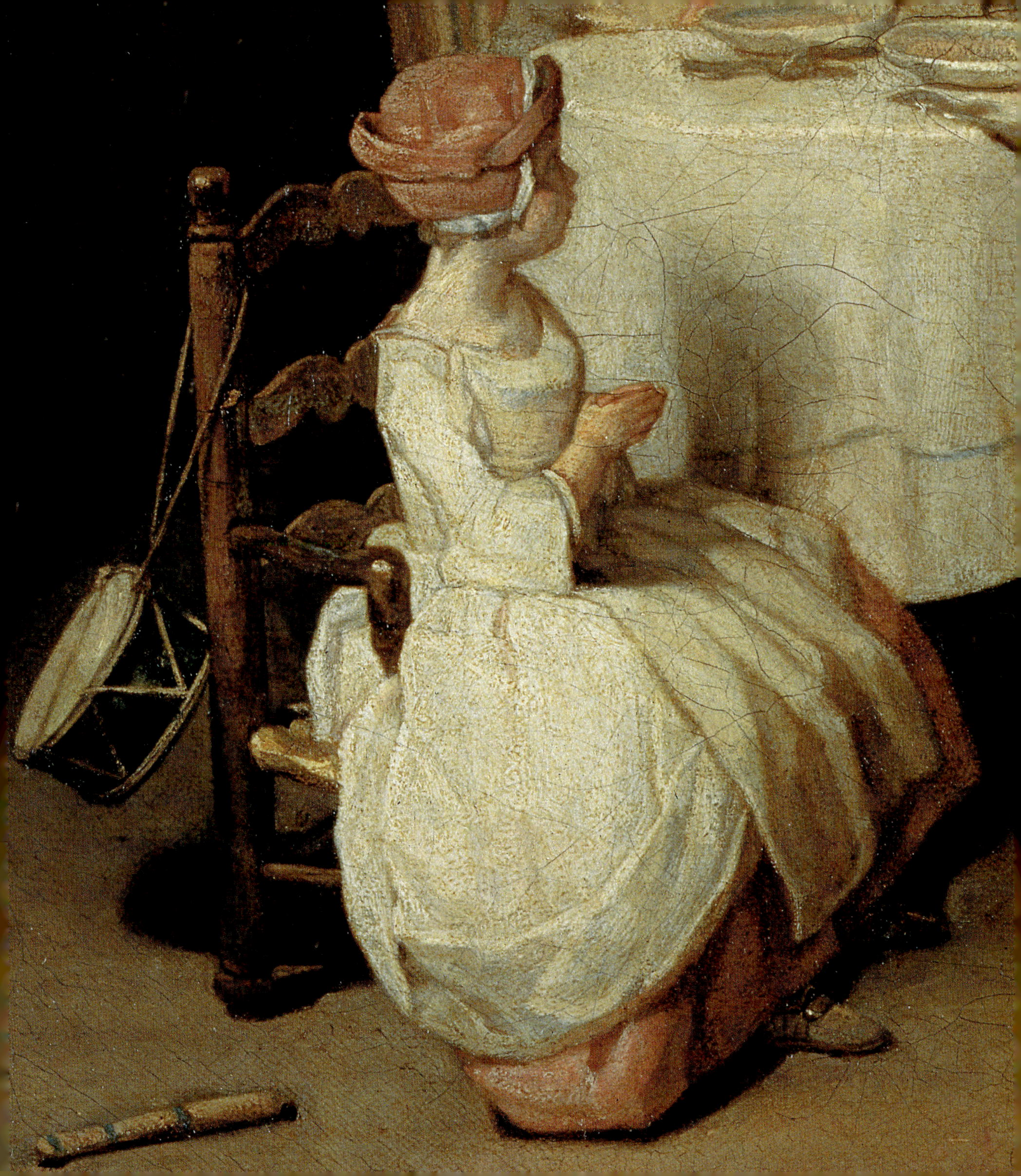

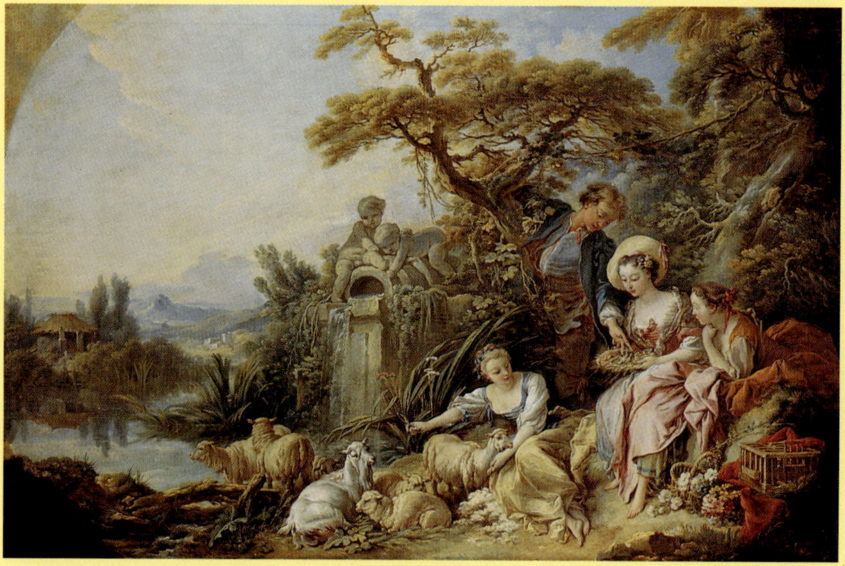

Boucher

François Boucher
(1703-1770)
Les Présents du berger
ou ***le Nid,*** vers 1740
Huile sur toile,
98 cm x 146 cm
Paris, musée du Louvre

*...Les goûts de cette époque
vont vers une peinture sensuelle qui s'égaie
de délicates nuances pastel...*

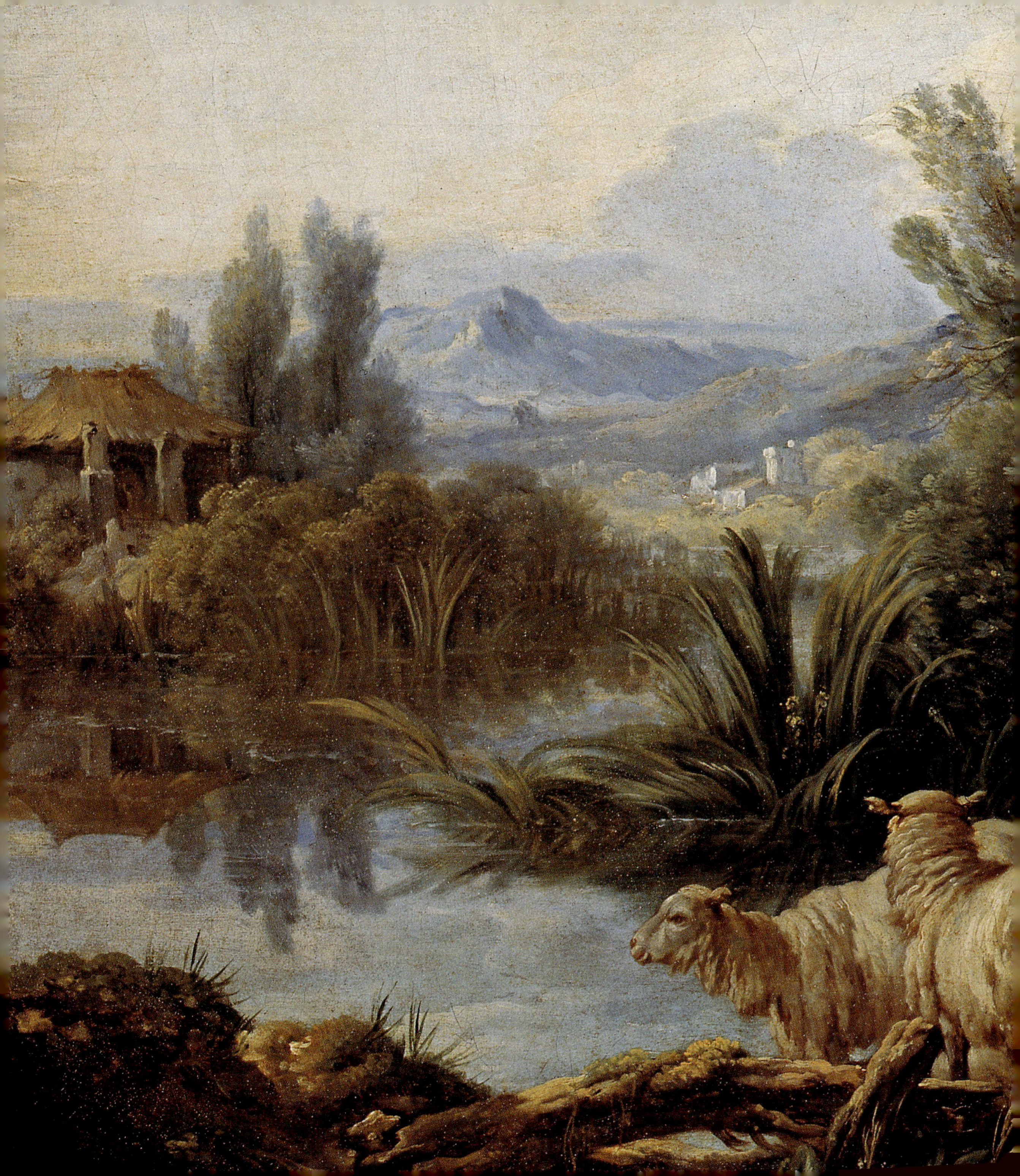

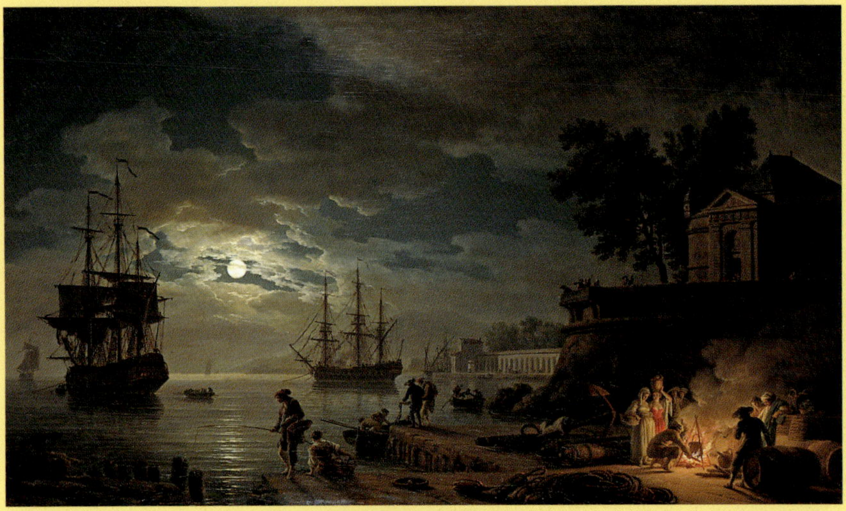

Vernet

Claude Joseph Vernet
(1714-1789)
La Nuit, un port de mer au clair de lune
Huile sur toile,
98 cm x 164 cm
Paris, musée du Louvre

...Les peintres travaillent pour des mécènes et des collectionneurs.
Ils mettent en peinture des paysages, des portraits,
et aussi la société galante, les plaisirs des sens, la fête...

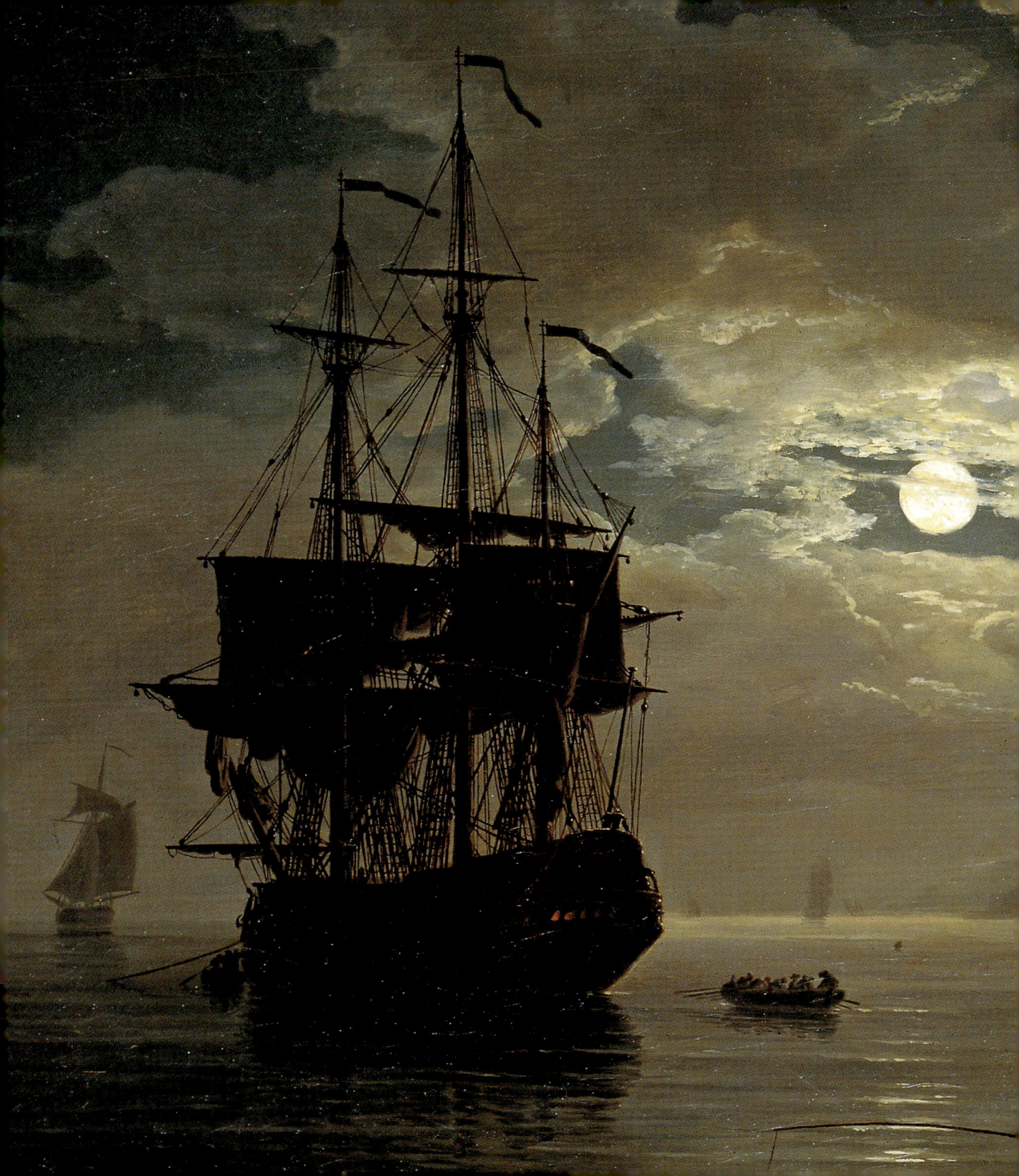

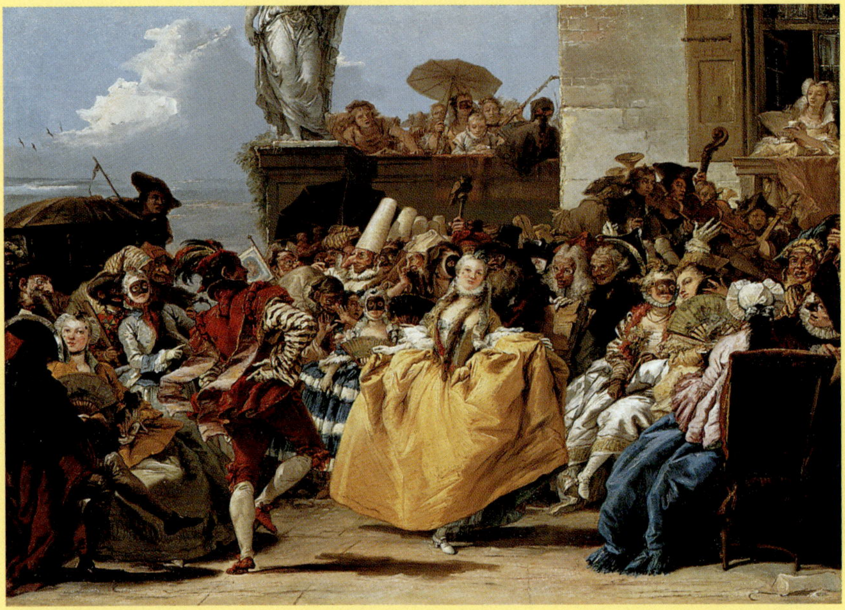

Tiepolo

Gian Domenico Tiepolo
(1727-1804)
Scène de Carnaval
ou ***Le Menuet***
Huile sur toile,
80,5 cm x 110,5 cm
Paris, musée du Louvre

...Le Siècle des Lumières ouvre les portes de la peinture à un large public qui peut admirer et apprécier la vie artistique, en se rendant dans les salons de peinture et les premiers musées.

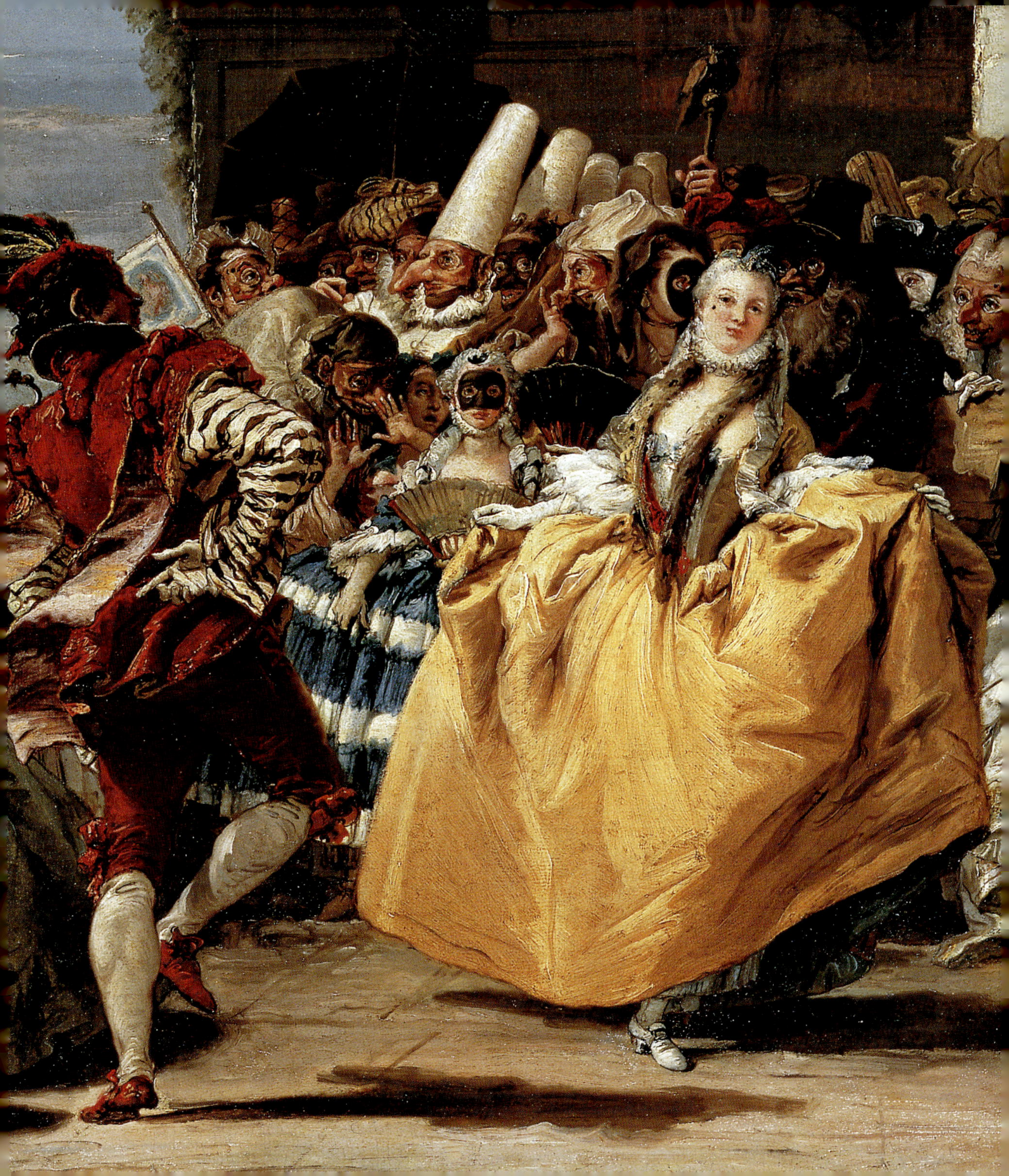

le XIXe siècle

Le second Empire

comme celui de Napoléon Ier

s'effondre, la restauration

de la monarchie s'écroule,

et la république peine à s'imposer.

Les inventions, les découvertes

et les progrès de la médecine

changent radicalement notre vie.

Le chemin de fer,

le bateau à vapeur,

l'aéroplane, l'automobile,

l'électricité, le téléphone,

la photographie et le cinéma

ouvrent l'ère technologique.

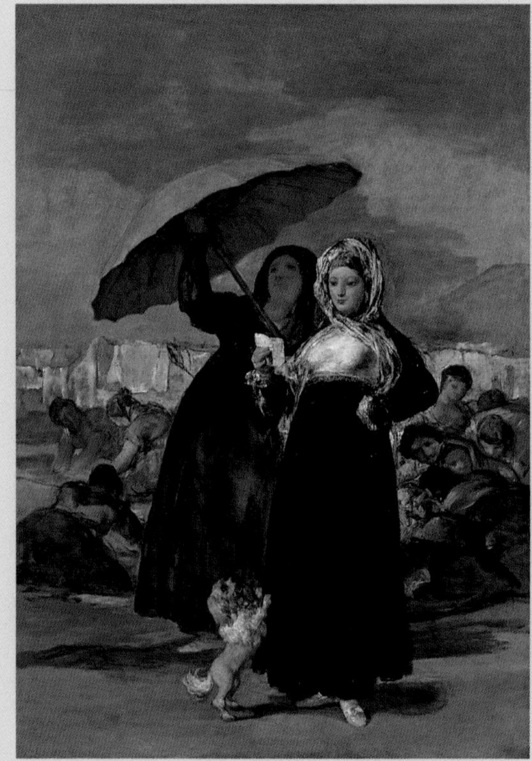

Goya

Francisco Goya (1746-1828)
La Lettre ou ***Les Jeunes,*** vers 1814-1819
Huile sur toile, 181 cm x 122 cm
Lille, palais des Beaux-Arts

...La vie change, évolue, tout va très vite, en peinture aussi. De grands mouvements picturaux se succèdent et s'opposent durant tout le siècle...

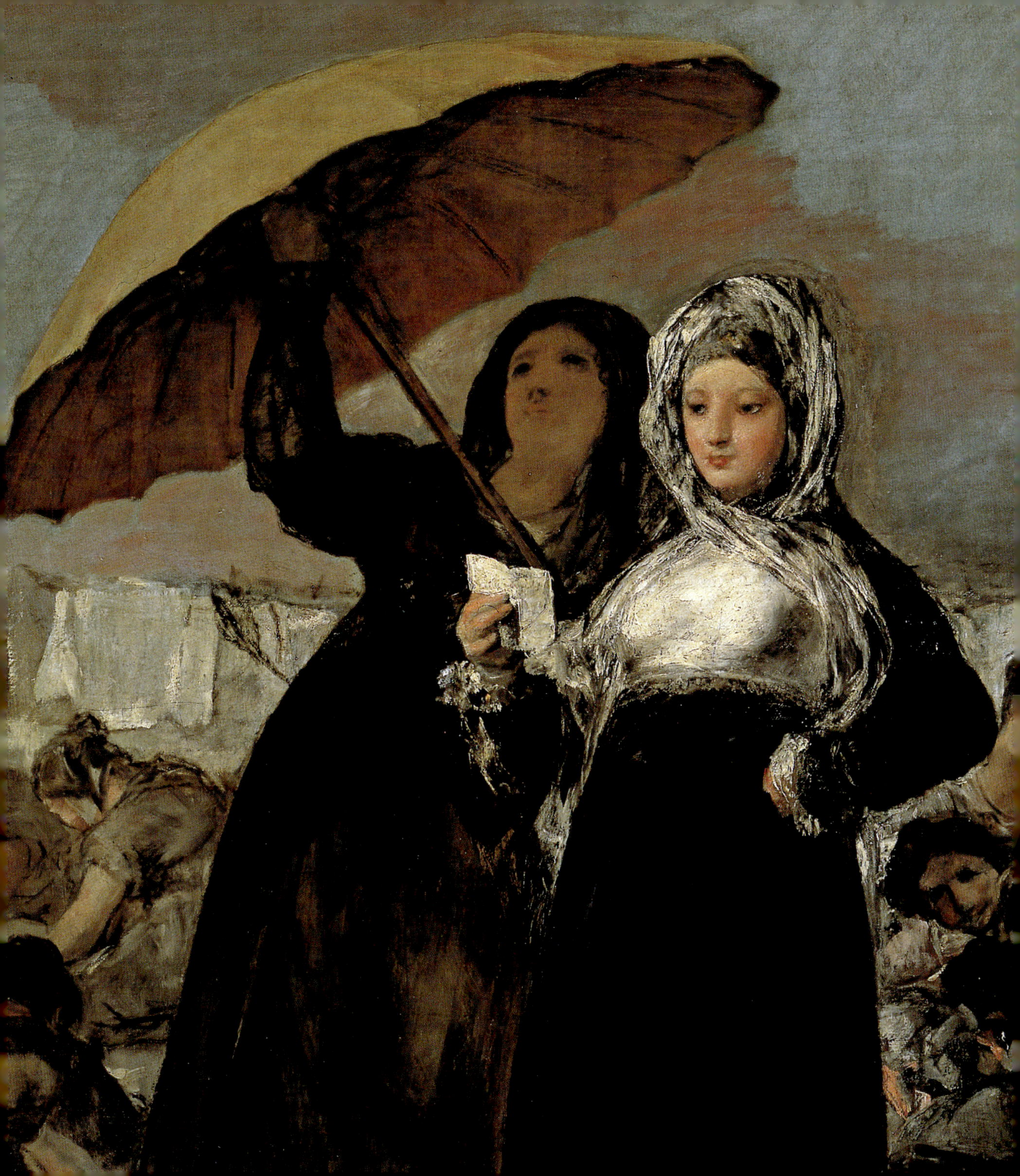

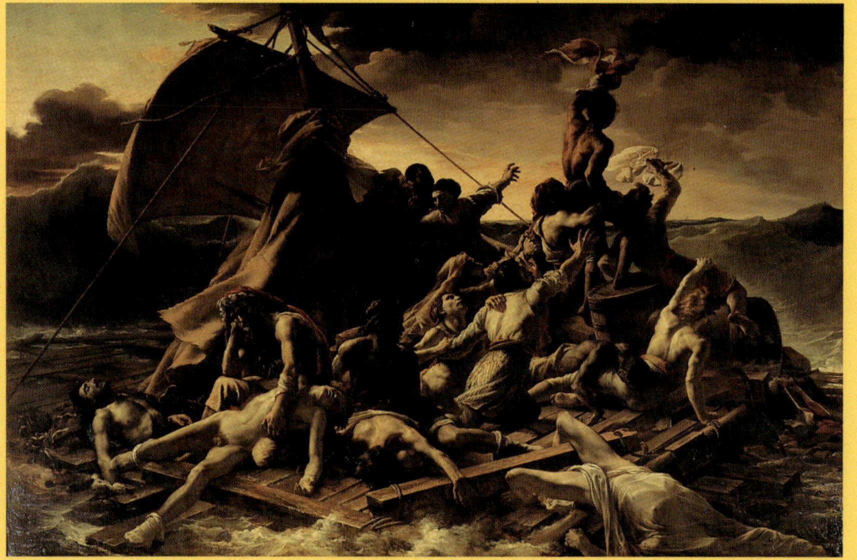

Géricault

Théodore Géricault
(1791-1824)
Le Radeau de la méduse, 1819
Huile sur toile,
491 cm x 716 cm
Paris, musée du Louvre

...L'artiste produit des œuvres vigoureuses et riches d'émotions, sa façon de peindre est plus libre...

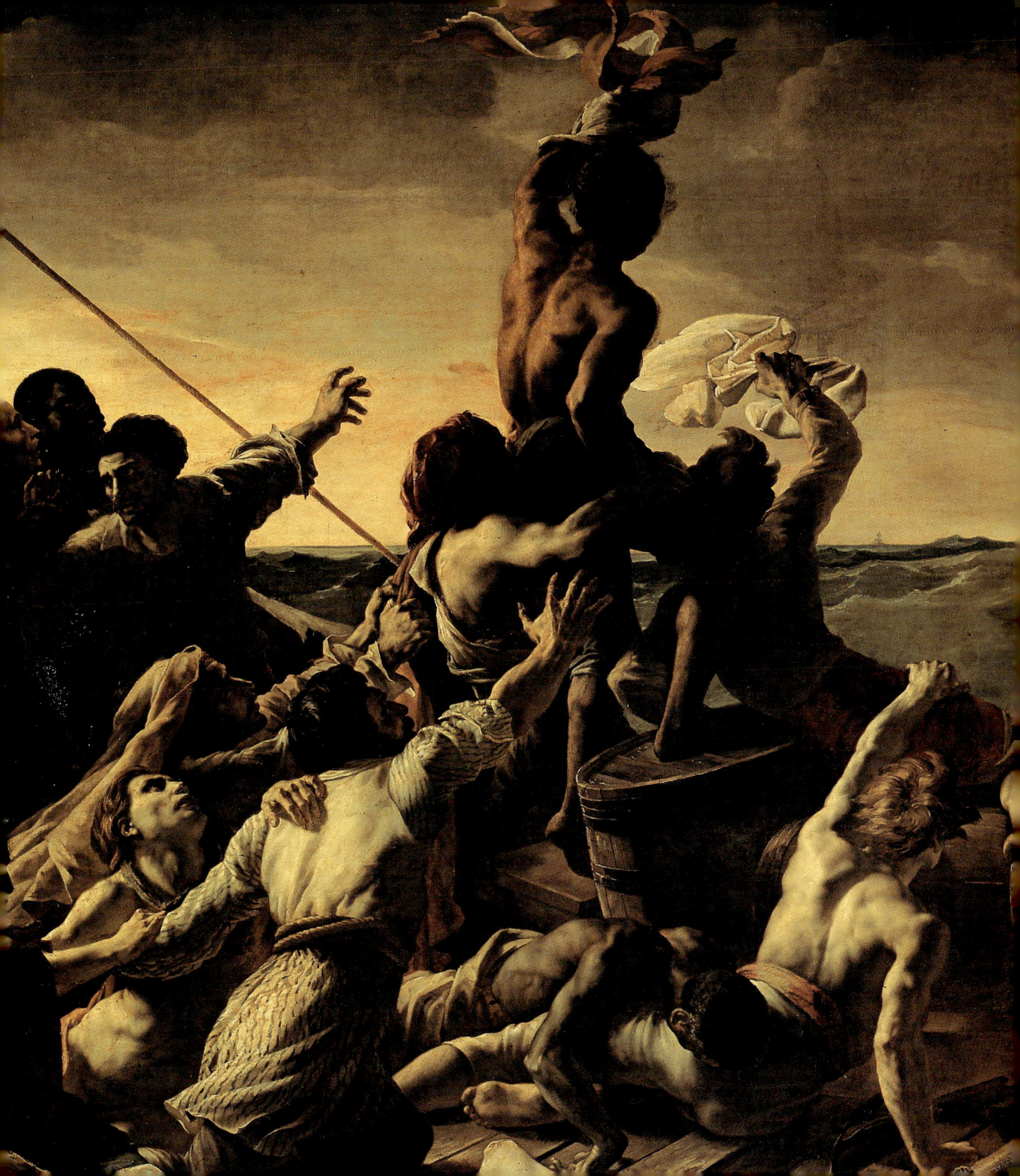

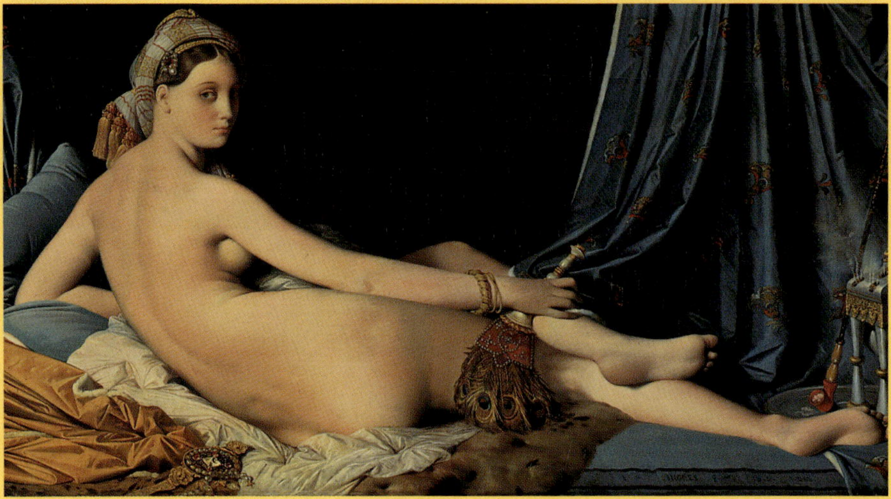

Ingres

Jean-Auguste Dominique Ingres
(1780-1867)
La Grande Odalisque, 1814
Huile sur toile,
91 cm x 162 cm
Paris, musée du Louvre

...Alors que certains travaillent encore de manière classique...

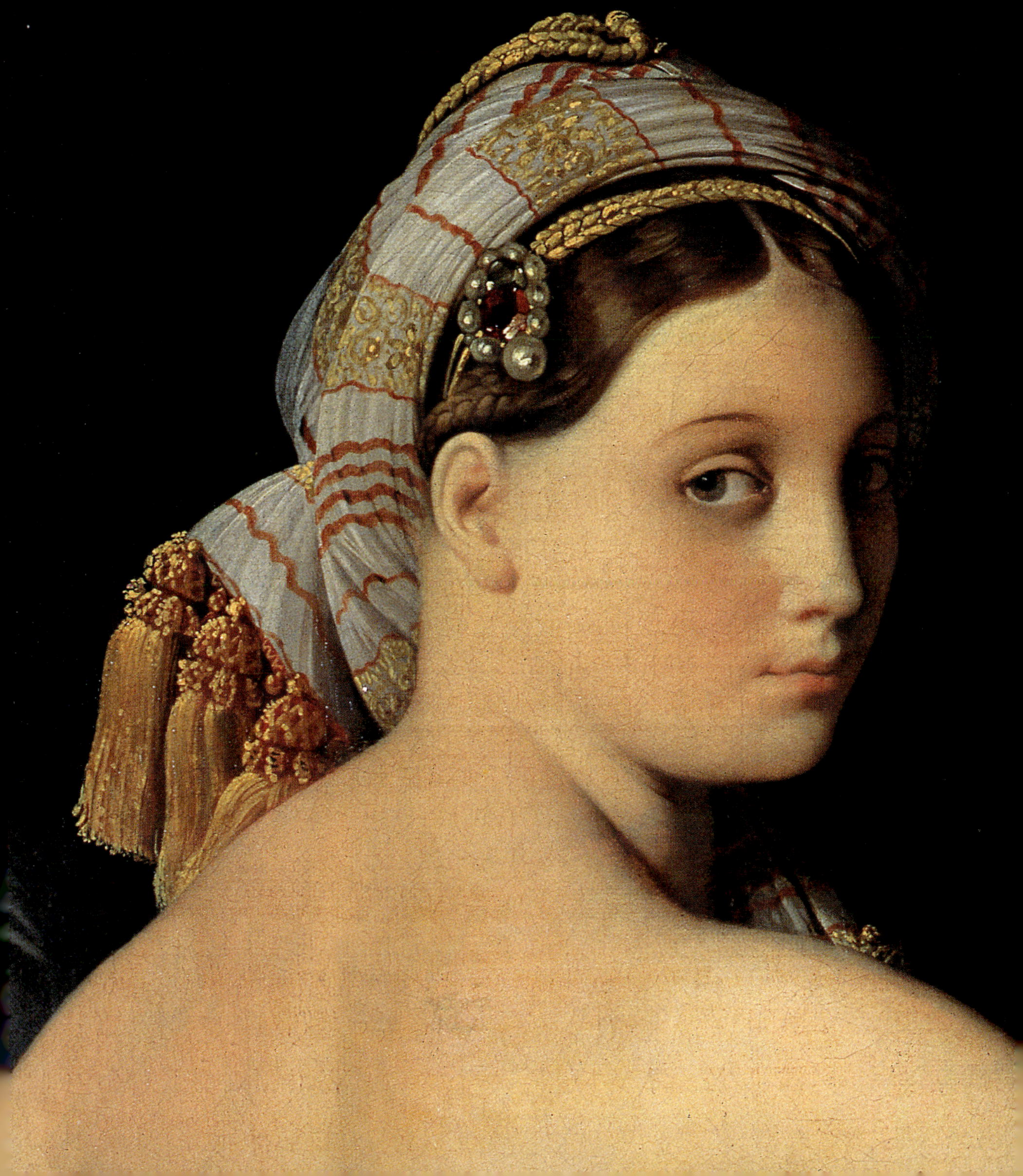

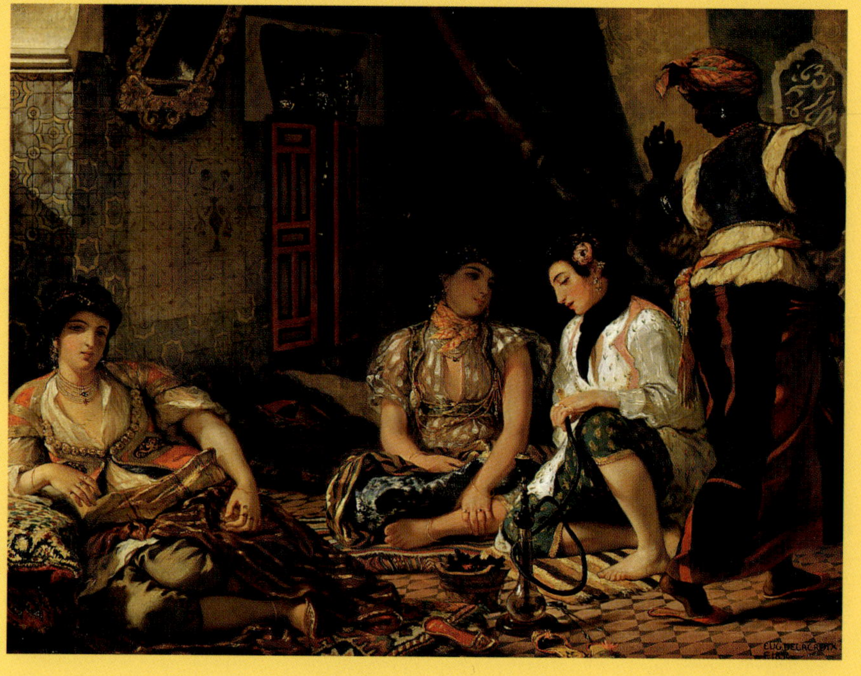

Delacroix

Eugène Delacroix
(1798-1863)
Femmes d'Alger dans leur appartement, 1834
Huile sur toile,
180 cm x 229 cm
Paris, musée du Louvre

...Les peintres romantiques traduisent vivement sur la toile ce qu'ils ressentent : sensations, sentiments et sensibilités, avec une intense beauté...

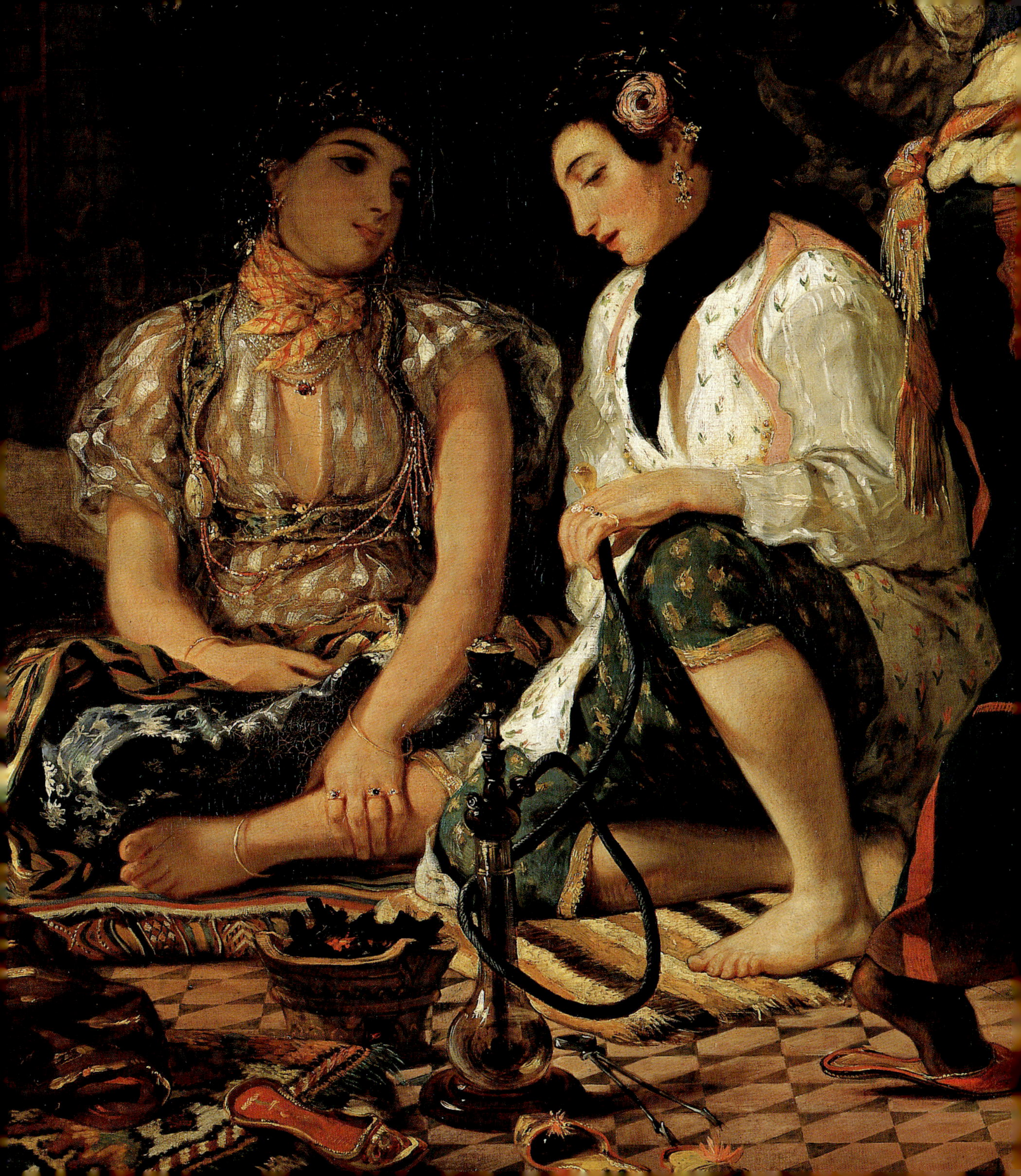

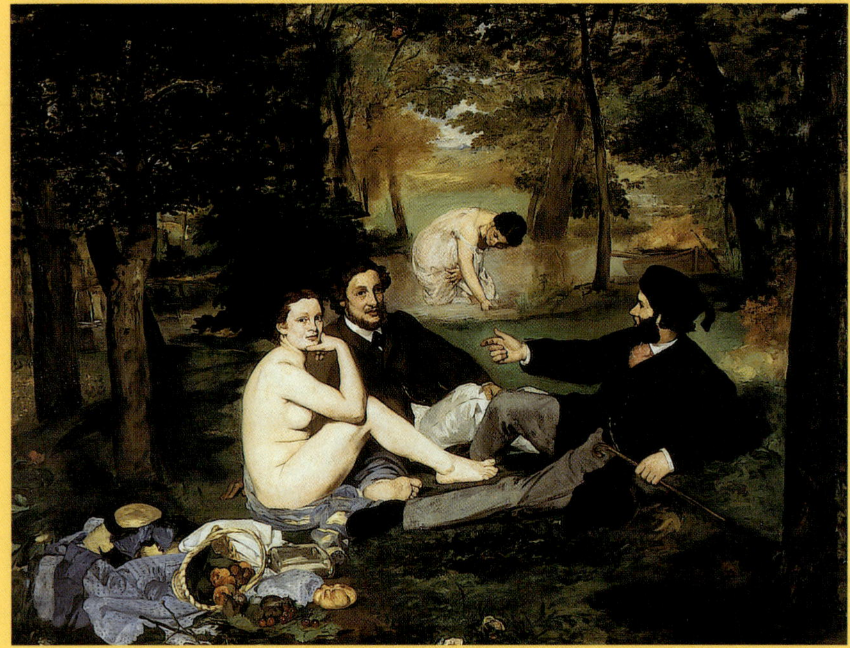

Manet

Edouard Manet
(1832-1883)
Le Déjeuner sur l'herbe, 1863
Huile sur toile,
208 cm x 264,5 cm
Paris, musée d'Orsay

...Les salons de peinture sont désormais fréquents, la critique joue un rôle croissant. Certains tableaux font scandale, ils sont jugés honteux et mal peints...

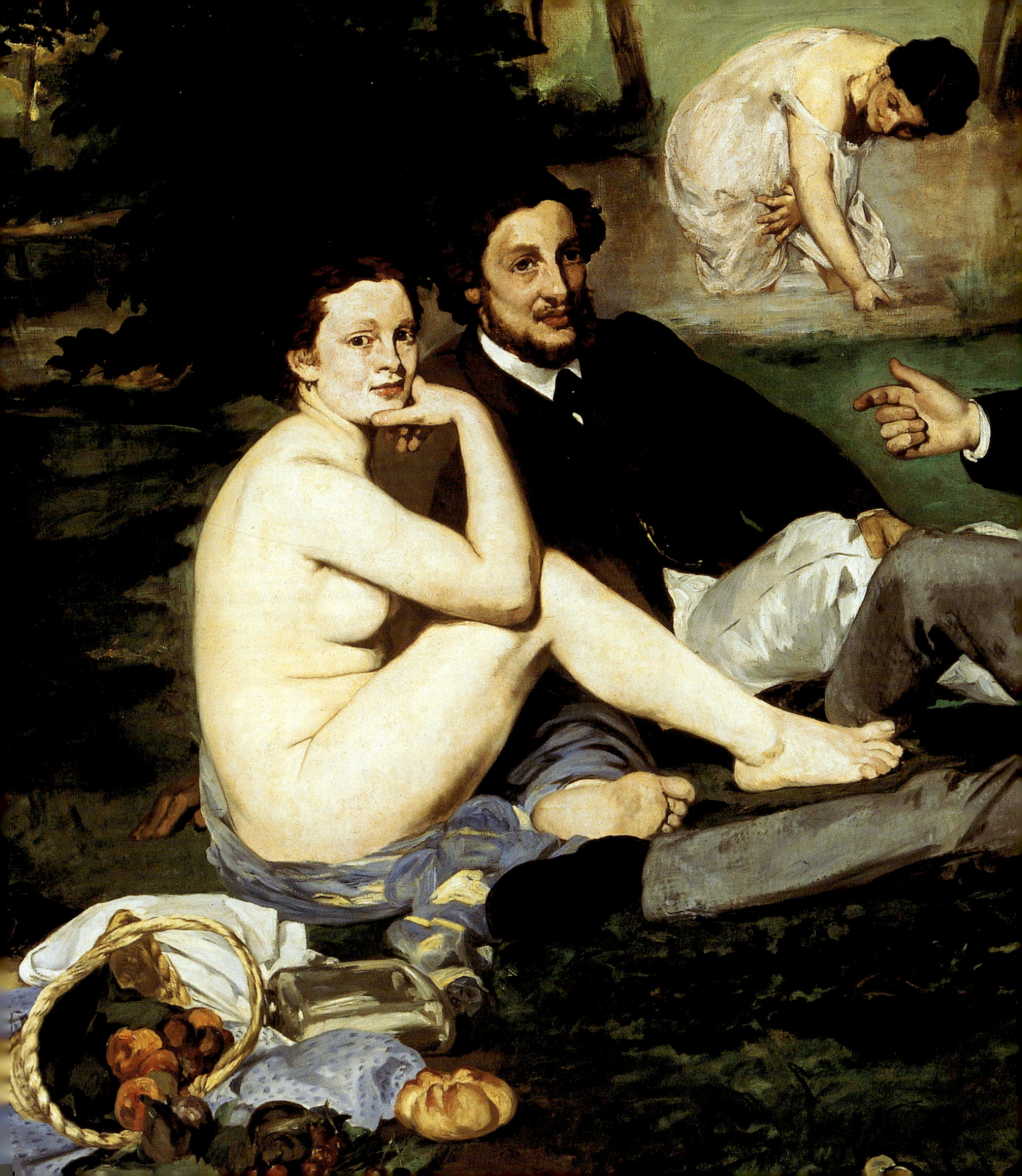

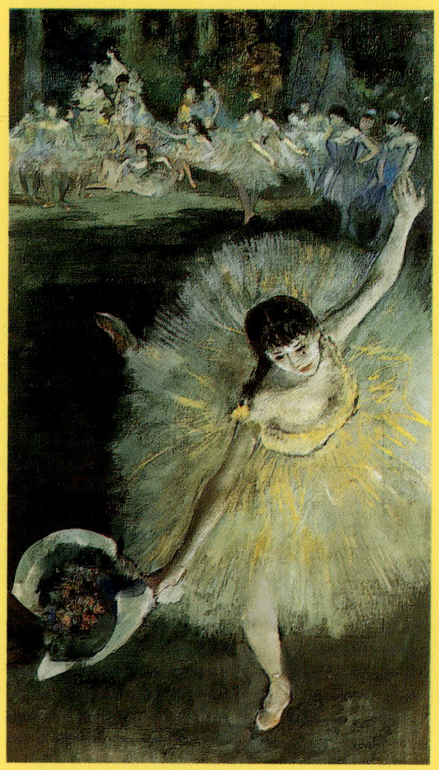

Degas

Edgar Degas (1834-1917)
Fin d'arabesque ou ***Danseuse saluant,*** 1876-1877
Peinture à l'essence reprise au pastel sur toile, 67 cm x 38 cm
Paris, musée d'Orsay

...Les peintres travaillent avec une touche très libre, spontanée, vive et colorée...

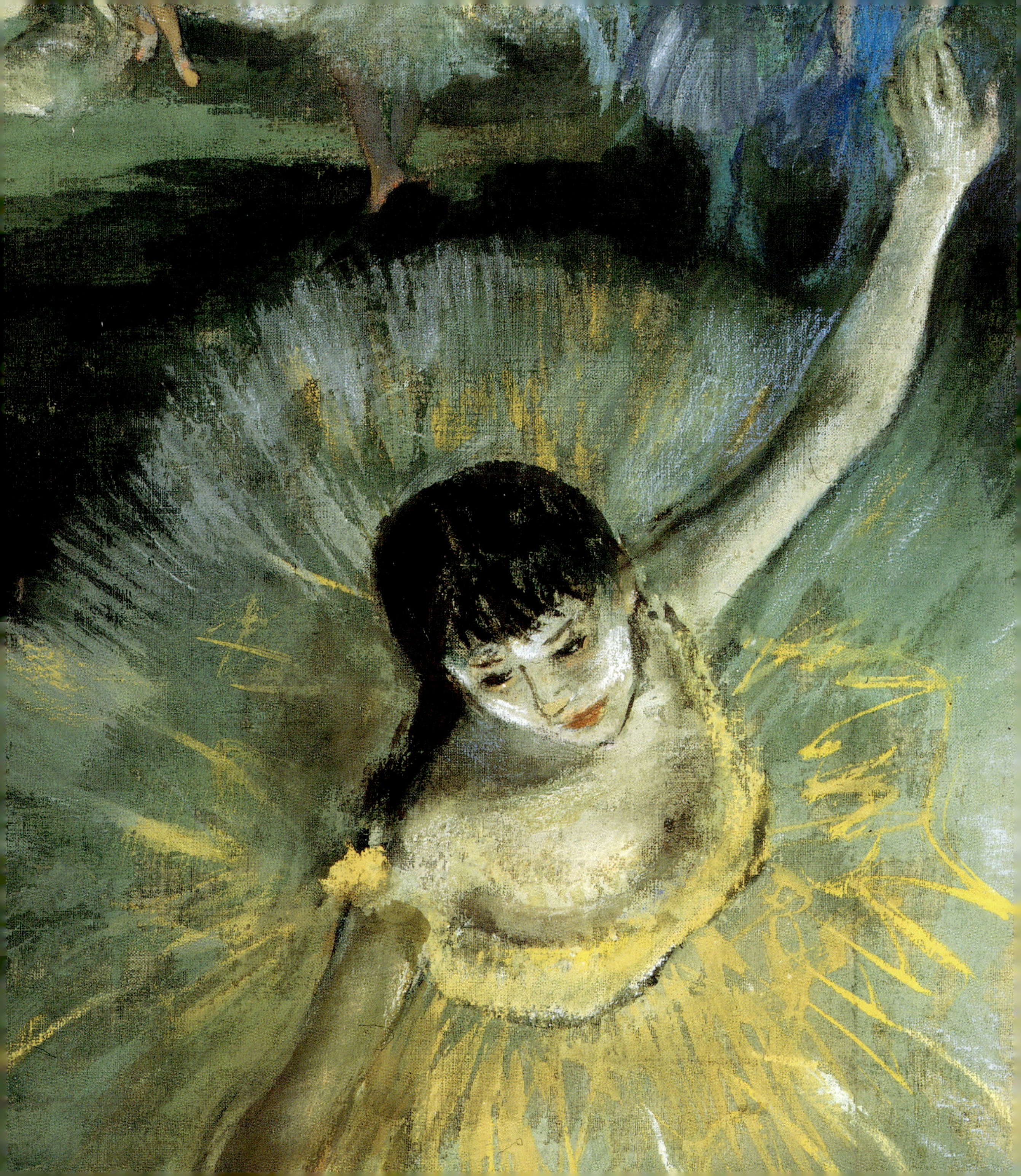

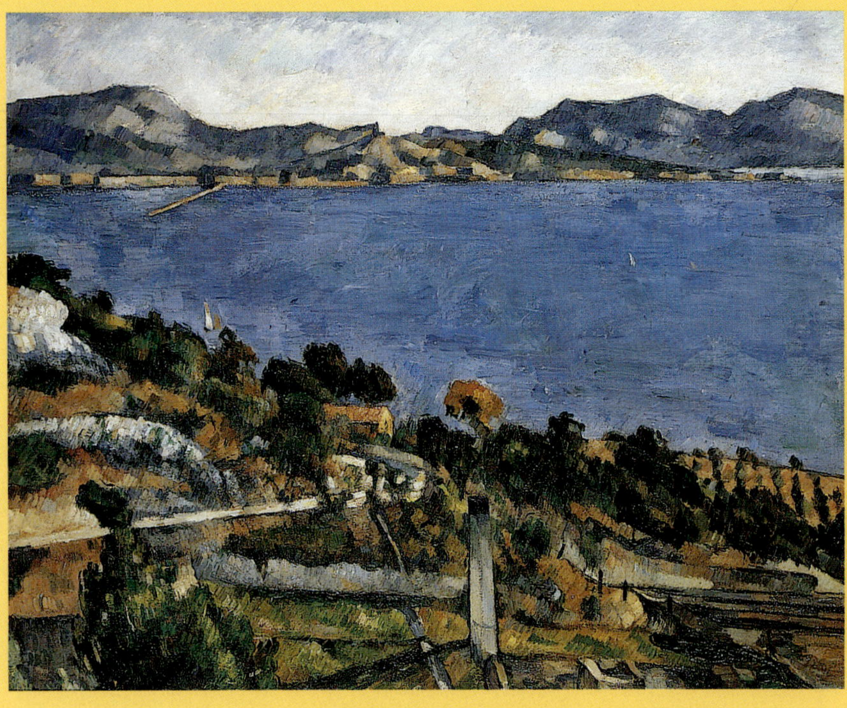

Cézanne

Paul Cézanne
(1839-1906)
L'Estaque, vue du golfe de Marseille
Huile sur toile,
59,5 cm x 73 cm
Paris, musée d'Orsay

...Avec l'invention de la peinture en tube, ils vont peindre dans la nature, sur le motif. Leur palette déborde de couleurs fraîches et nouvelles, celles du plein air...

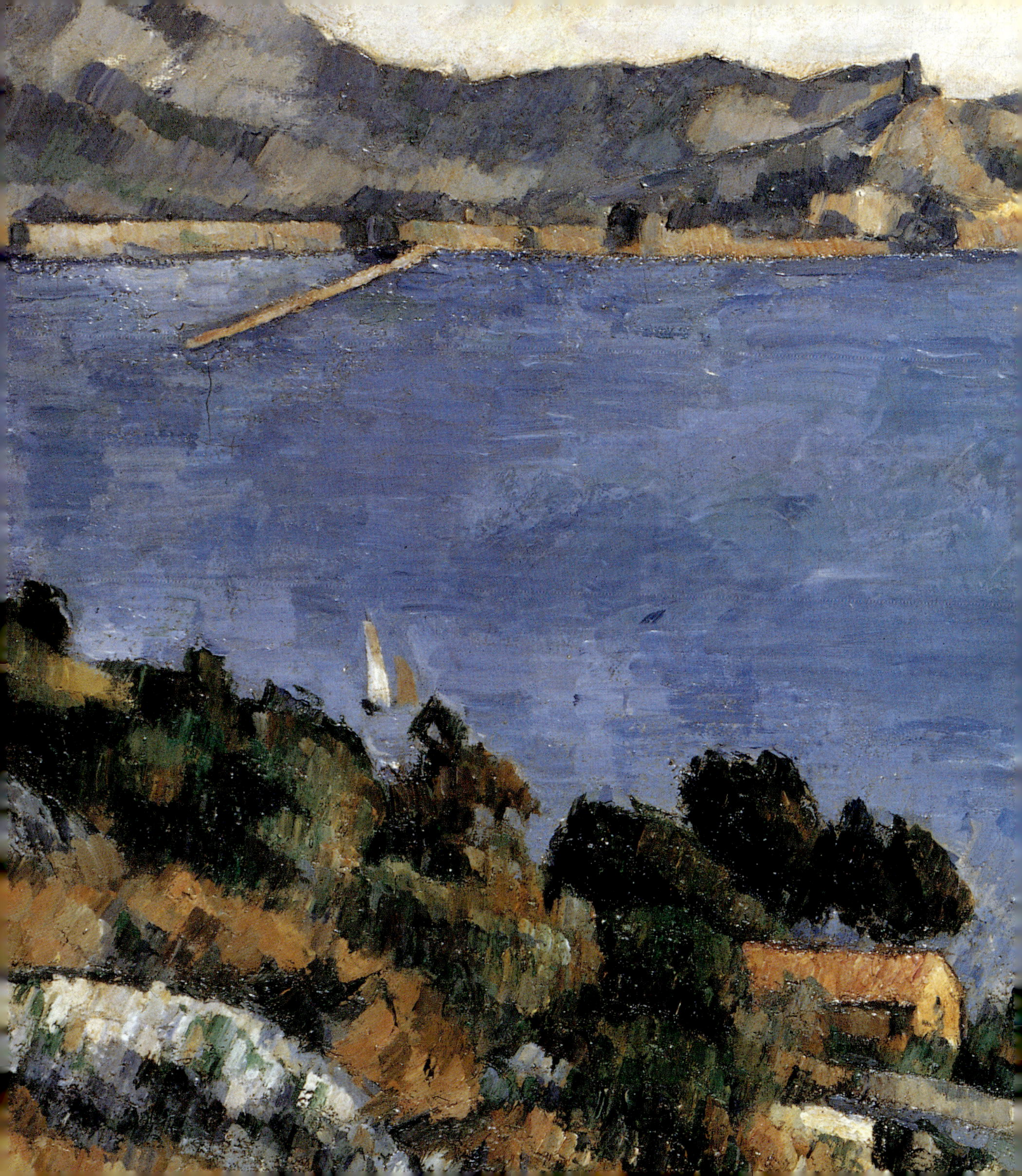

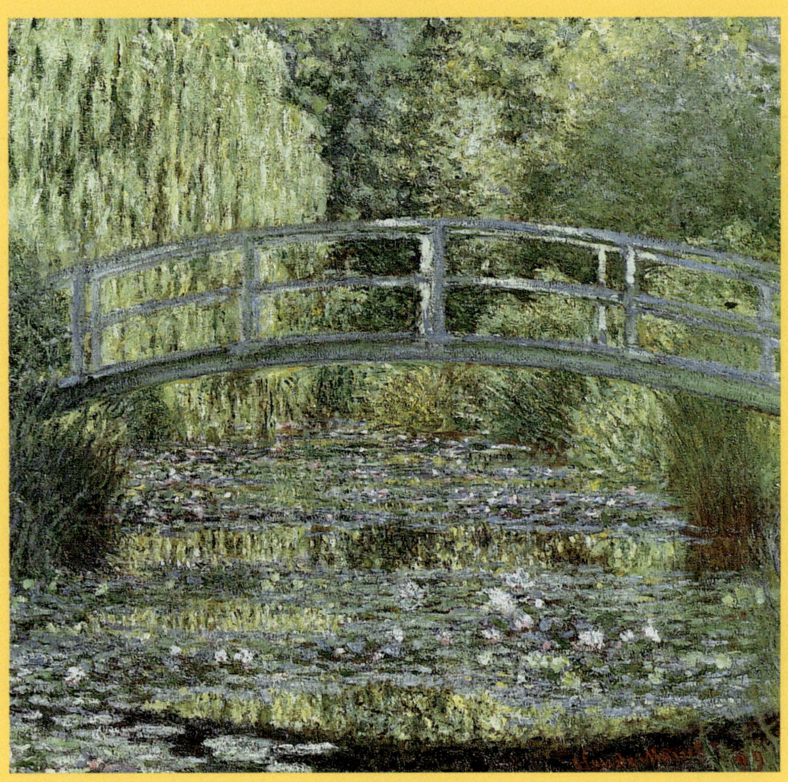

Monet

Claude Monet (1840-1926)
Le Bassin aux nymphéas : harmonie verte, 1899
Huile sur toile, 89 cm x 93,5 cm
Paris, musée d'Orsay

...En 1874, les Impressionnistes déclenchent une véritable révolution.
Ils peignent le monde qui les entoure
avec une liberté jusqu'alors inconnue...

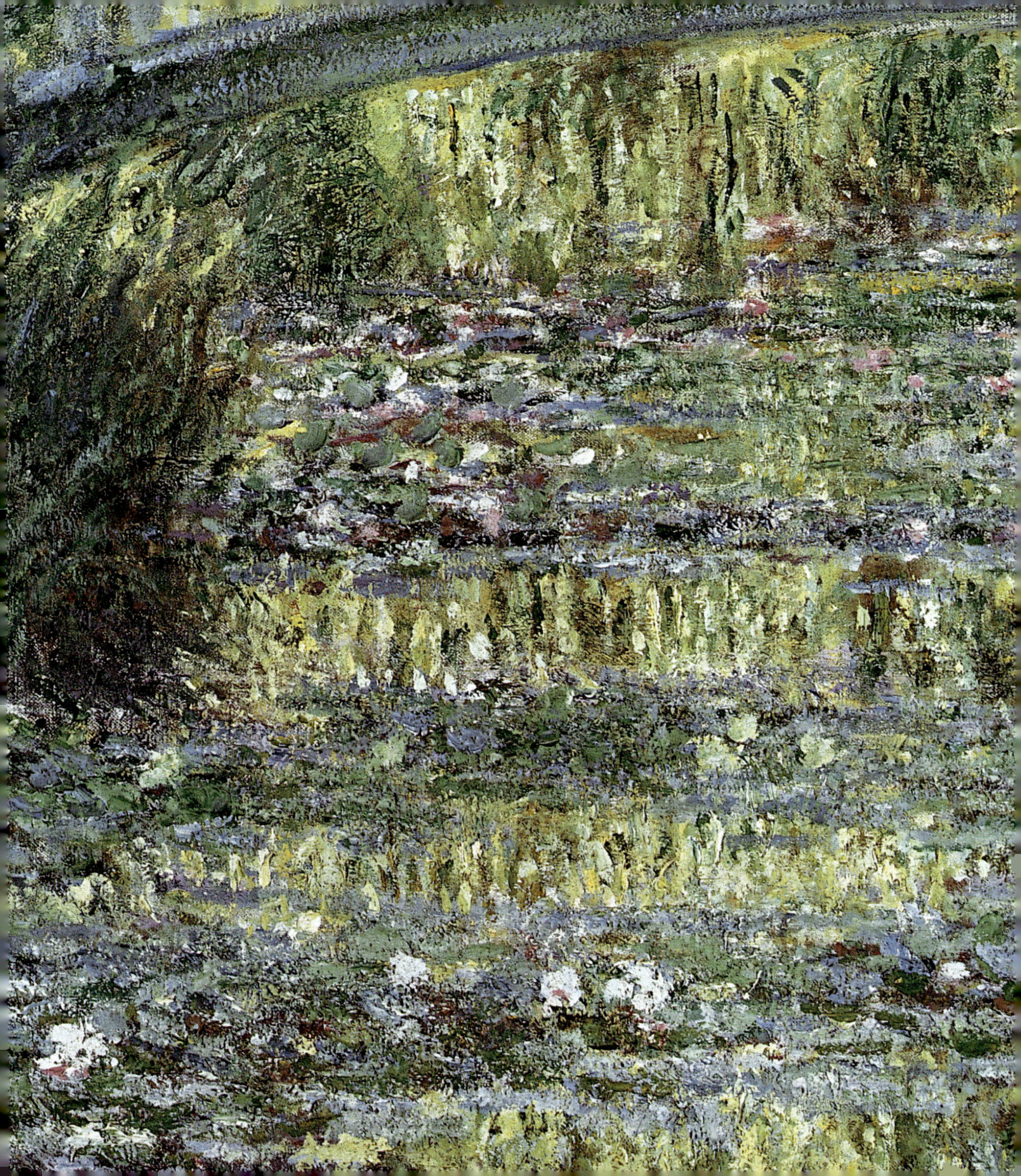

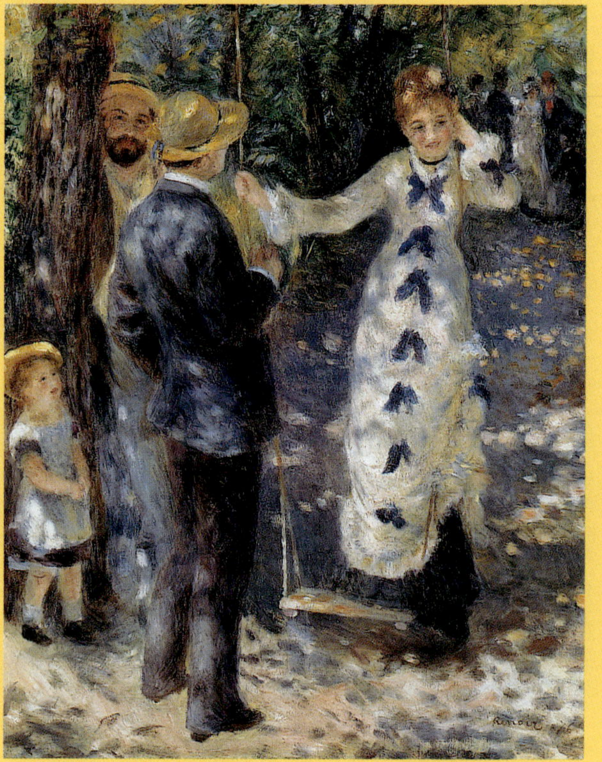

Renoir

Pierre-Auguste Renoir (1841-1919)
La Balançoire, 1876
Huile sur toile, 92 cm x 73 cm
Paris, musée d'Orsay

...La touche est rapide, fragmentée et vivante, pour rendre l'impression de l'instant et de la lumière...

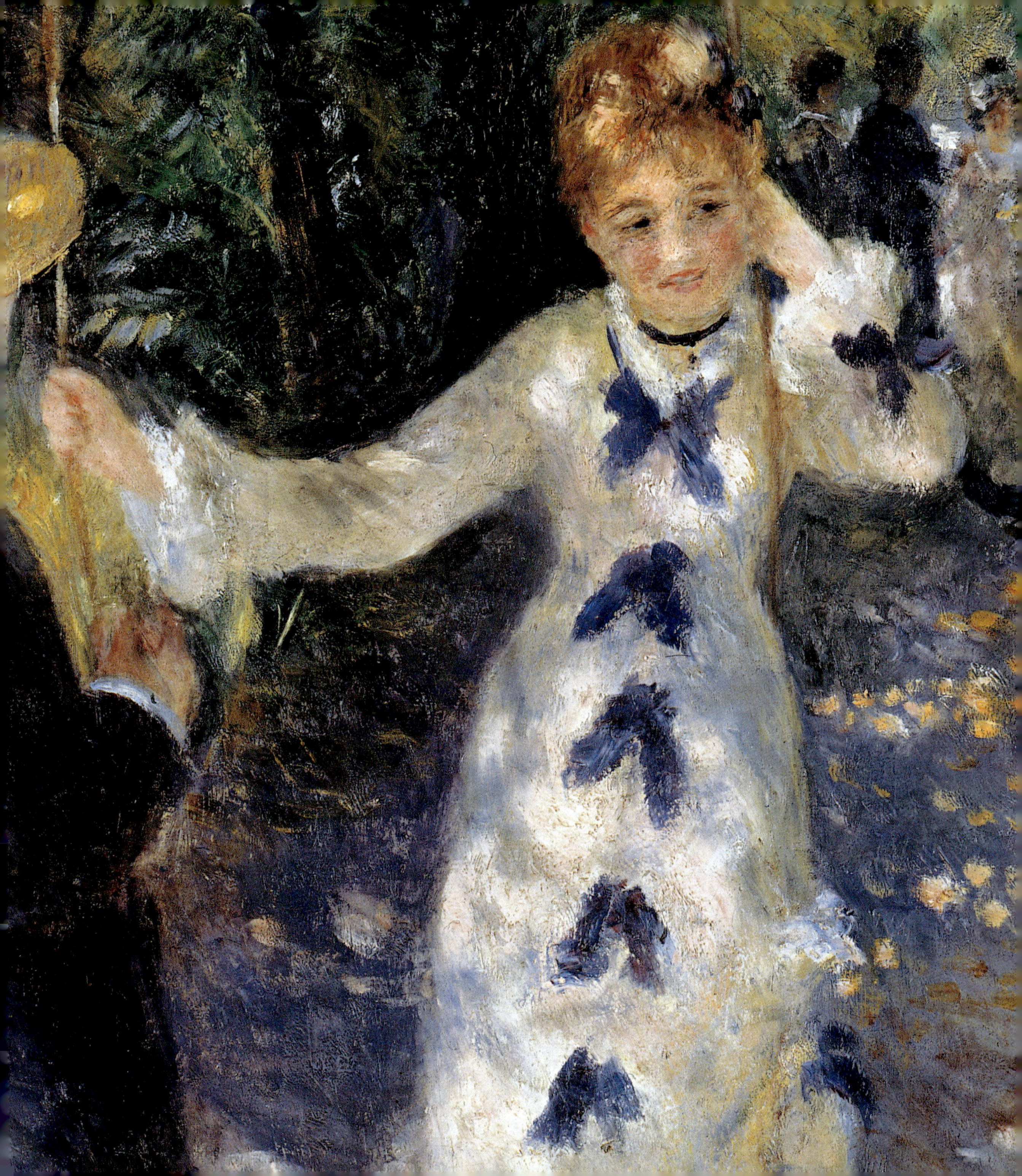

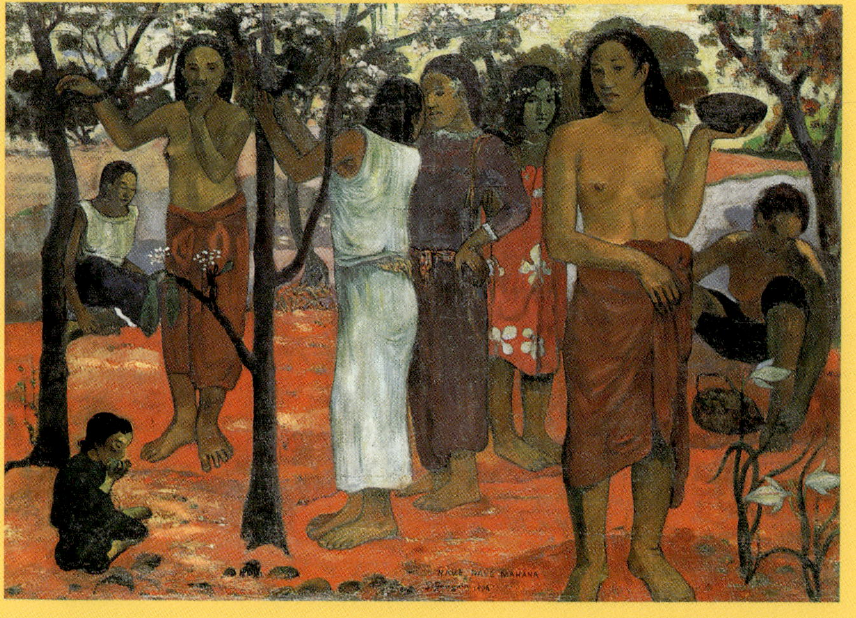

Gauguin

Paul Gauguin
(1848-1903)
Nave nave Mahana, 1896
Huile sur toile,
95 cm x 130 cm
Lyon, musée des Beaux-Arts

...D'autres peintres, à la fin du siècle, recherchent un dessin pur, des formes simples et des aplats très colorés...

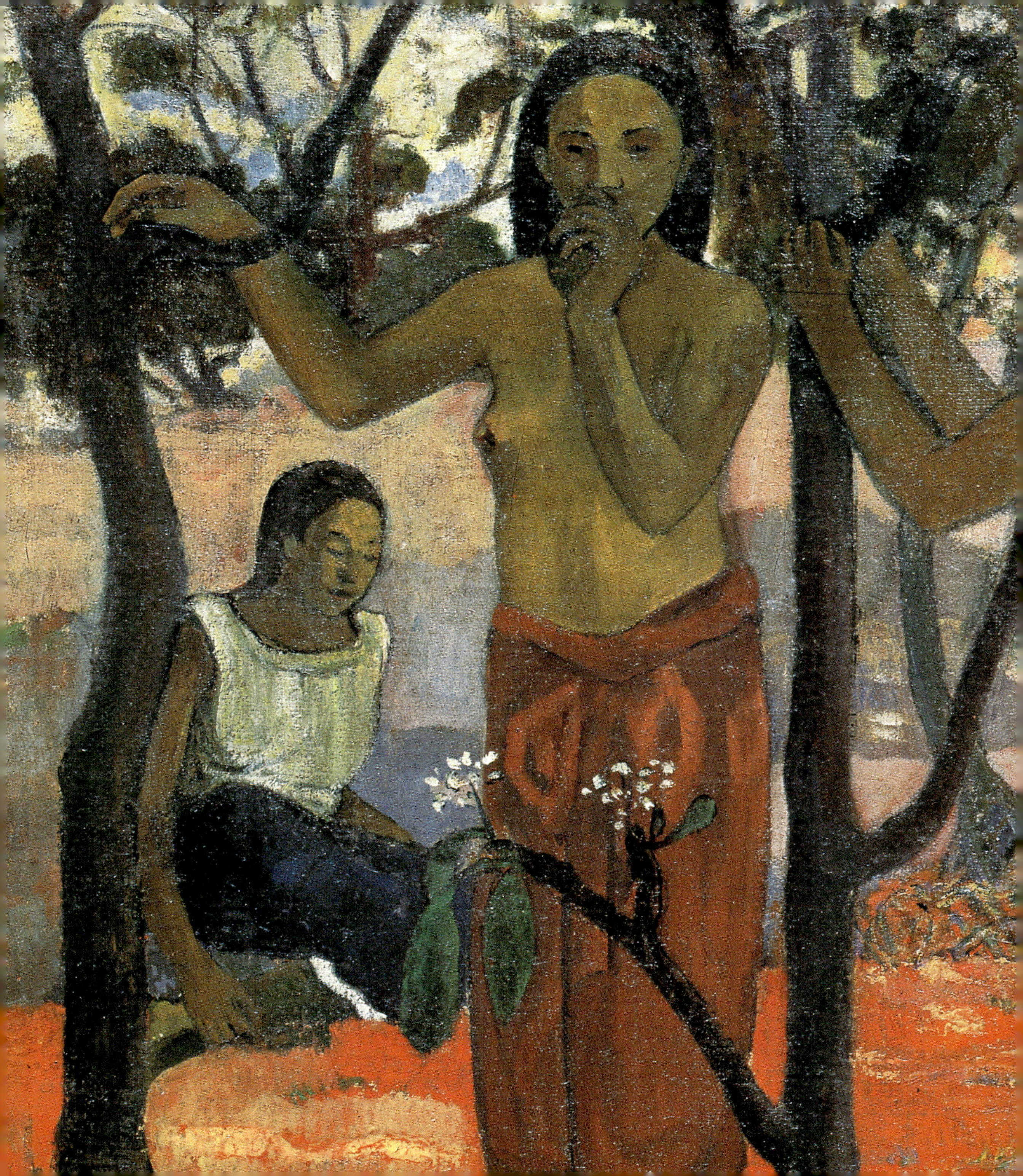

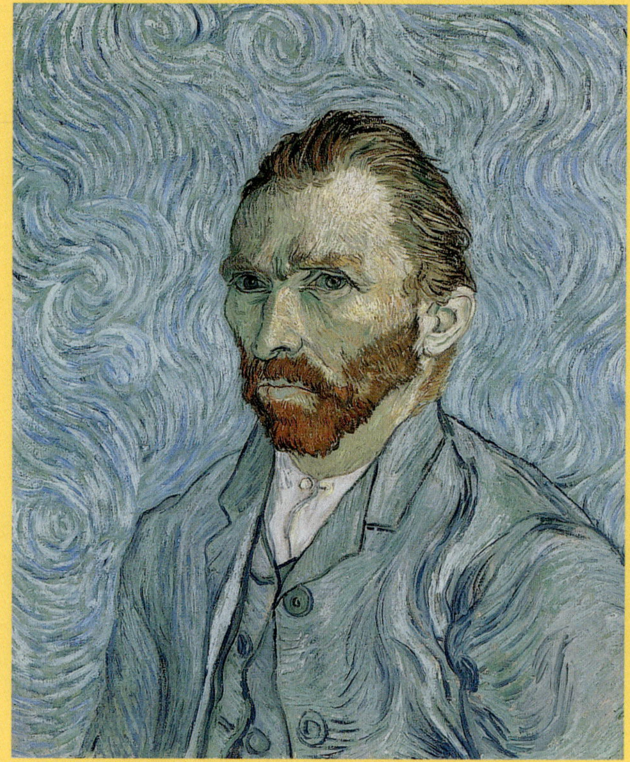

Van Gogh

Vincent Van Gogh (1853-1890)
Portrait de l'artiste, 1889
Huile sur toile, 65 cm x 54,5 cm
Paris, musée d'Orsay

...Chaque artiste développe et travaille son propre style avec une force unique pour chaque chef-d'œuvre.

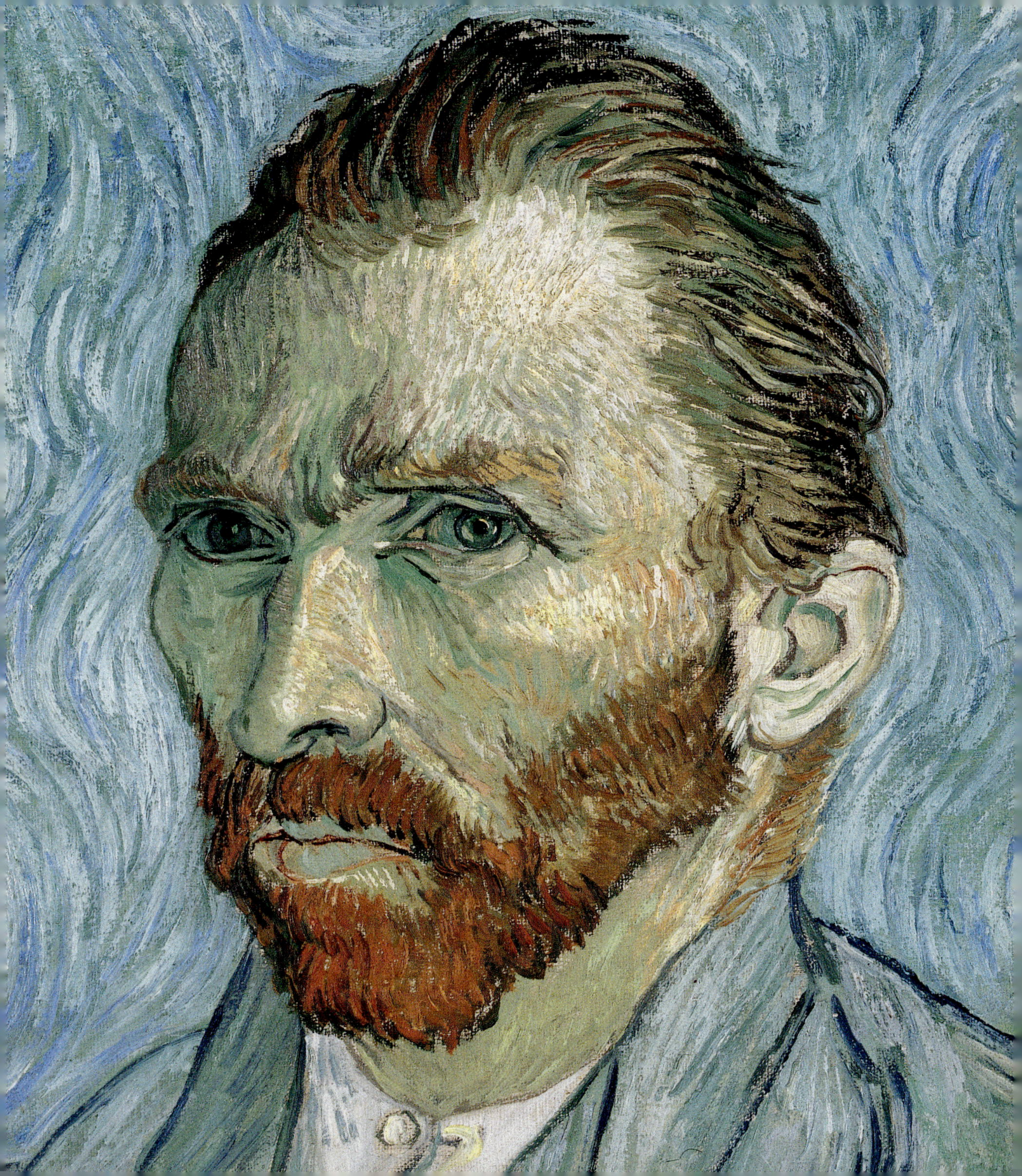

le XXe siècle

Les deux guerres mondiales
plongent la première
moitié du XXe siècle
dans la période la plus sombre
et la plus meurtrière de l'humanité.
Les présidents de la République
se succèdent au gouvernement.
L'évolution très rapide
des sciences et des techniques
– la télévision, l'ordinateur,
l'exploration spatiale,
la recherche scientifique,
le laser, le téléphone mobile,
l'Internet – révolutionne le monde.

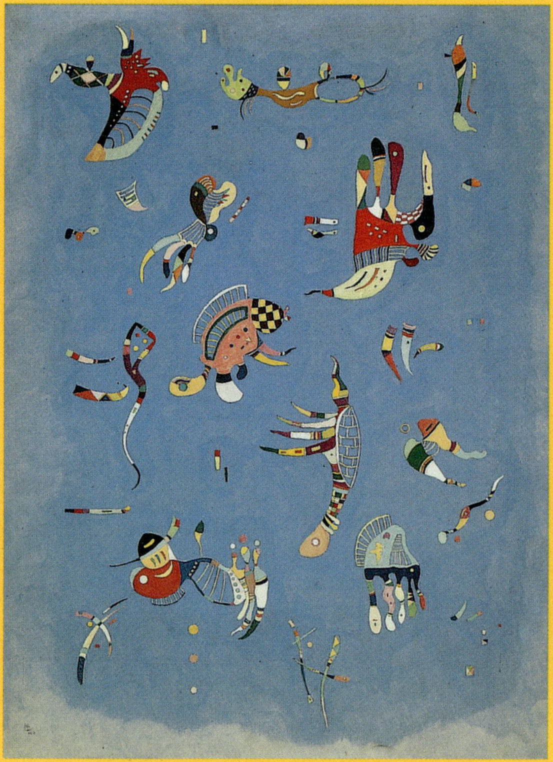

Kandinsky

Vassily Kandinsky (1866-1944)

Bleu de ciel, 1940

Huile sur toile, 100 cm x 73 cm

Paris, Collections du Centre Georges Pompidou/musée national d'Art moderne

...Les artistes du XXe siècle ont de l'audace :
ils provoquent, expérimentent et s'interrogent.
De multiples courants picturaux coexistent...

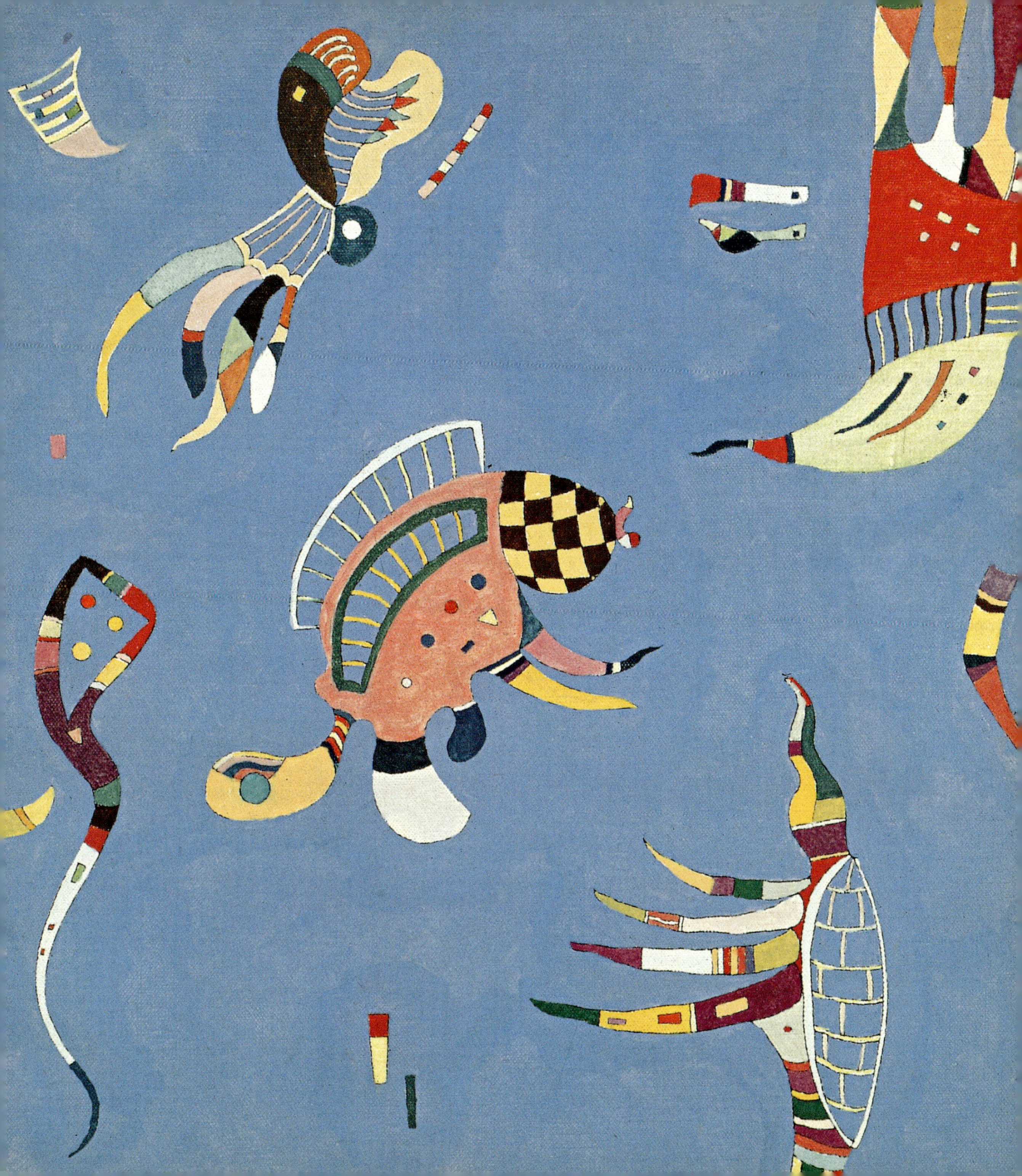

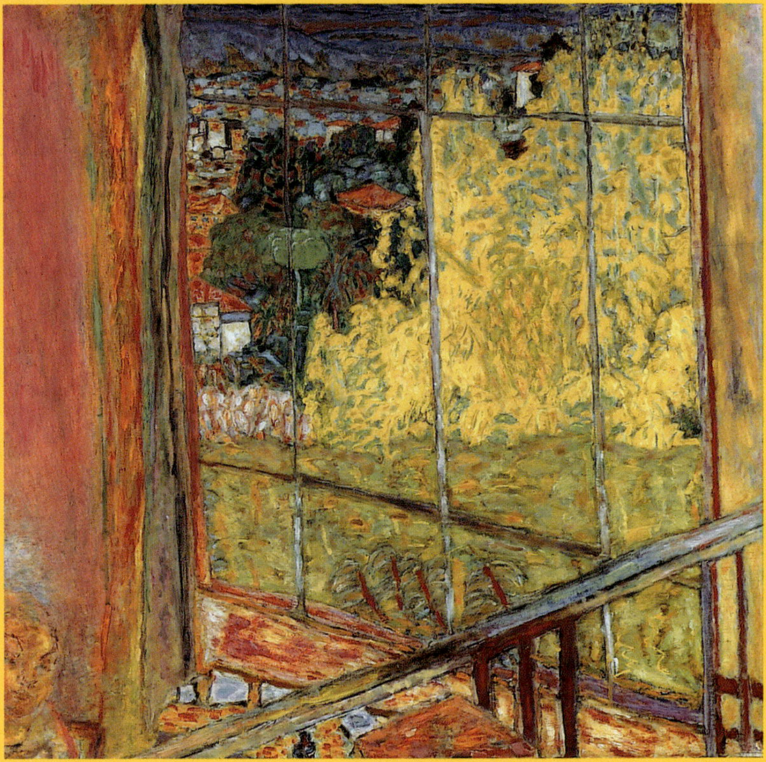

Bonnard

Pierre Bonnard (1867-1947)
L'Atelier aux mimosas, 1939-1946
Huile sur toile, 127,5 cm x 127,5 cm
Paris, Collections du Centre Georges Pompidou/musée national d'Art moderne

...Leur palette déborde
de tons vifs et chatoyants pour capter et rendre
une indicible luminosité...

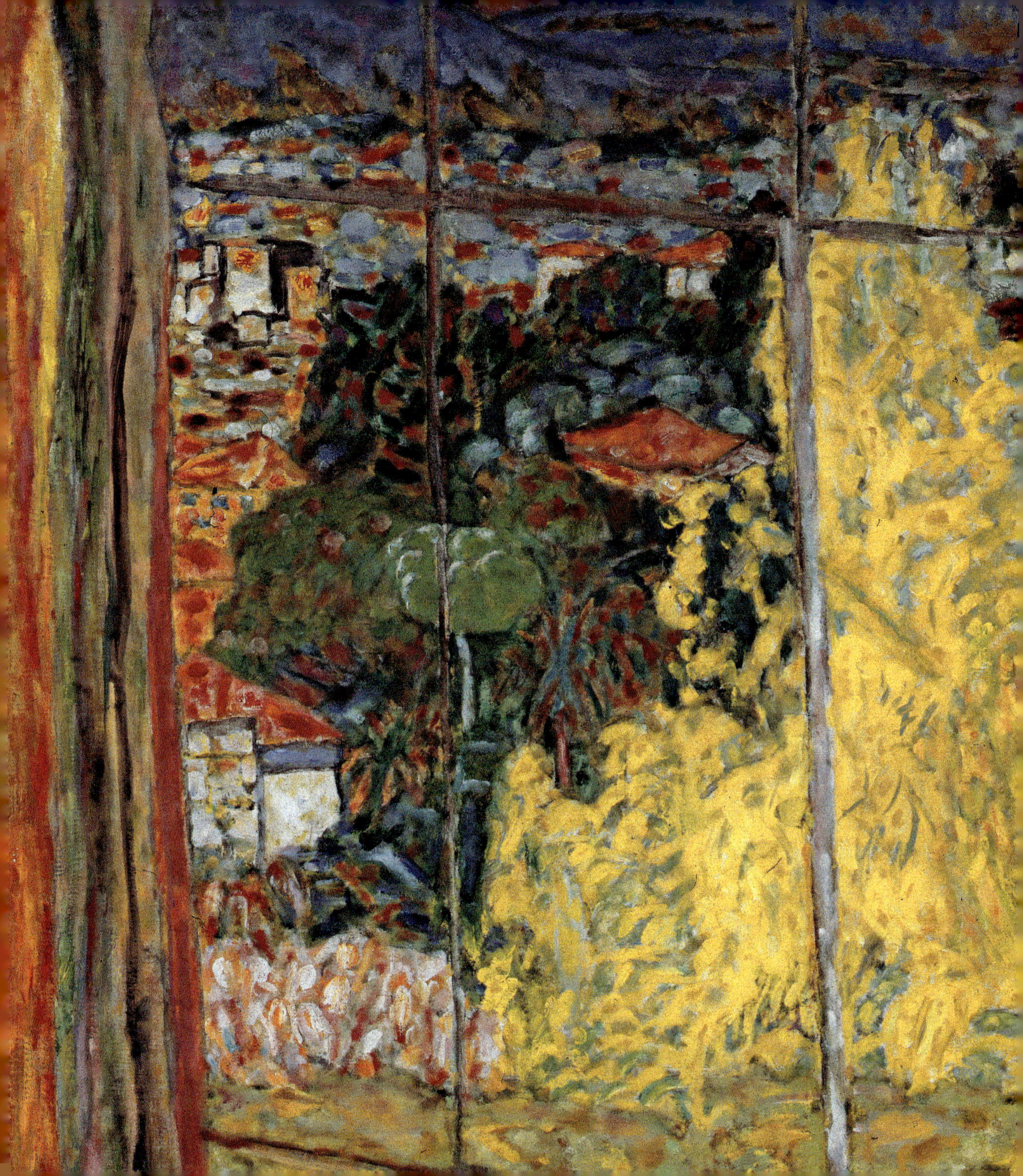

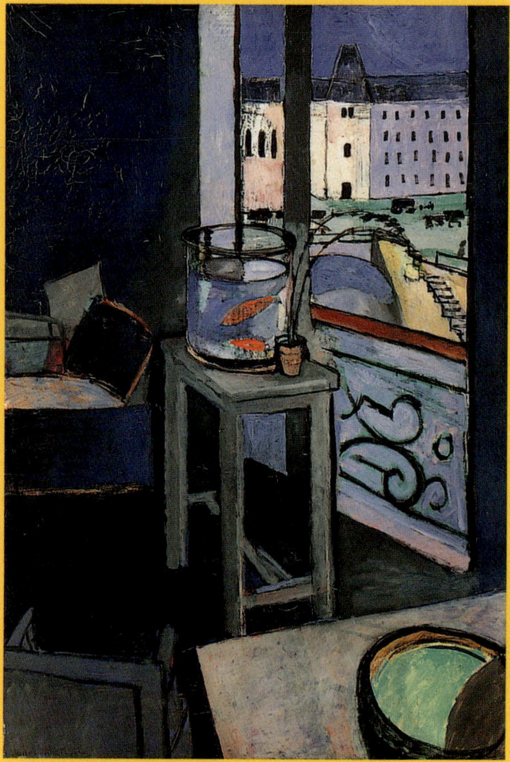

Matisse

Henri Matisse (1869-1954)
Intérieur, bocal de poissons rouges, 1914
Huile sur toile, 147 cm x 97 cm
Paris, Collections du Centre Georges Pompidou/musée national d'Art moderne

*...Le sujet du tableau peut être
un simple bocal de poissons rouges, c'est l'œil du peintre
qui en fait une grande œuvre...*

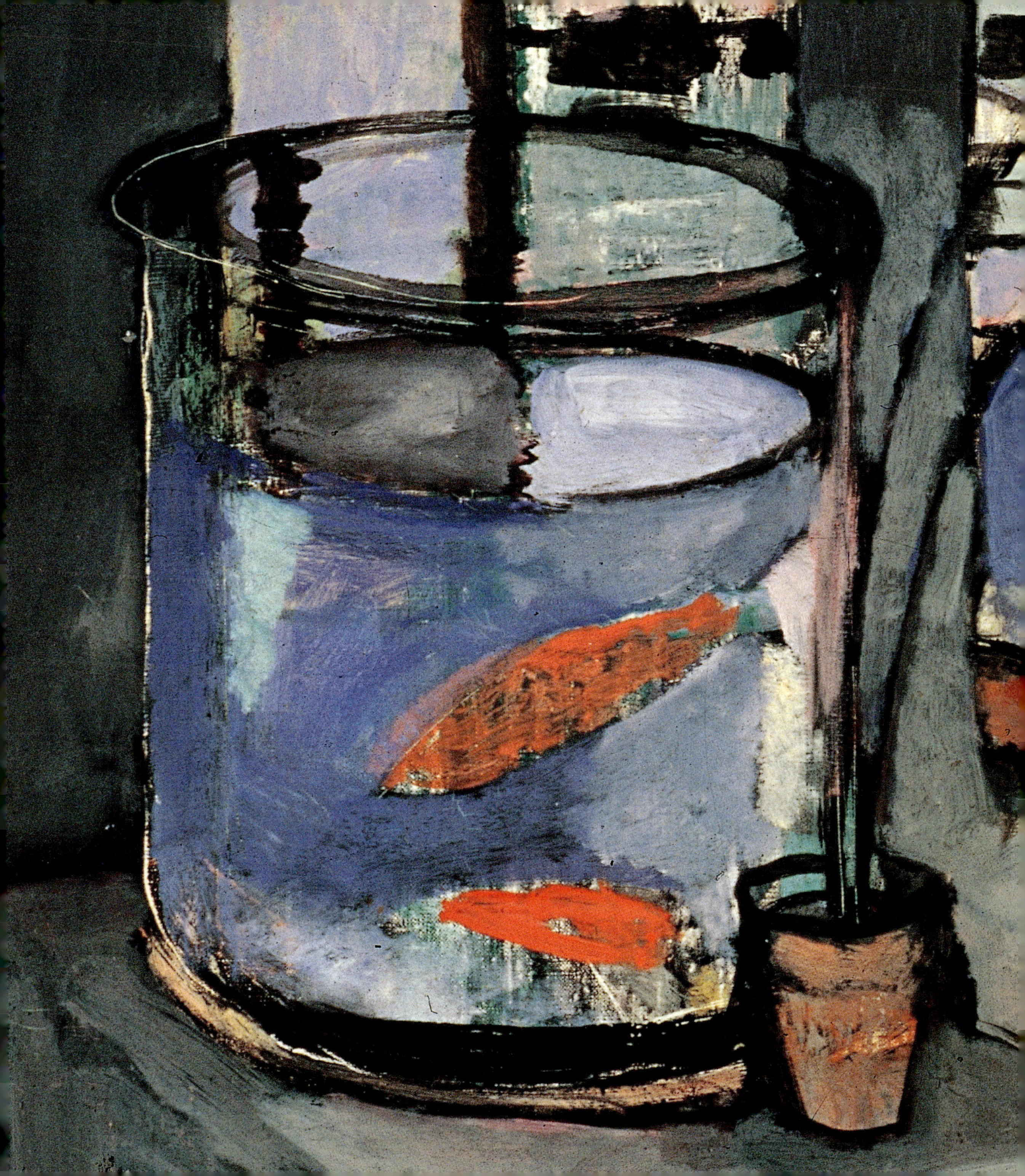

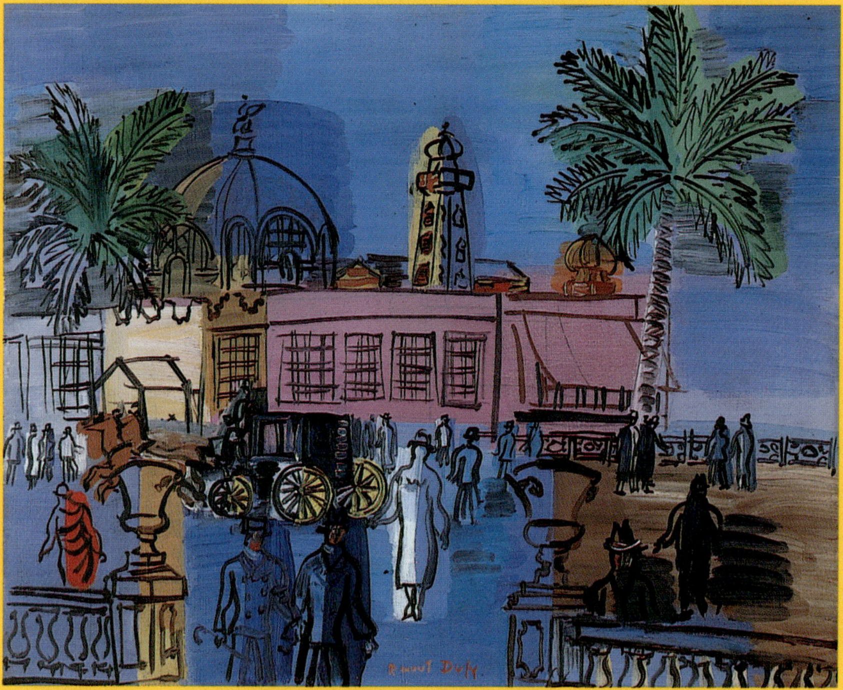

Dufy

Raoul Dufy (1877-1953)
La Jetée promenade à Nice, 1928
Huile sur toile, 38 cm x 46 cm
Paris, musée d'Art moderne de la Ville

*...Parfois ce dernier trace au pinceau
un dessin habile et léger comme une calligraphie,
sur de grands aplats de couleurs...*

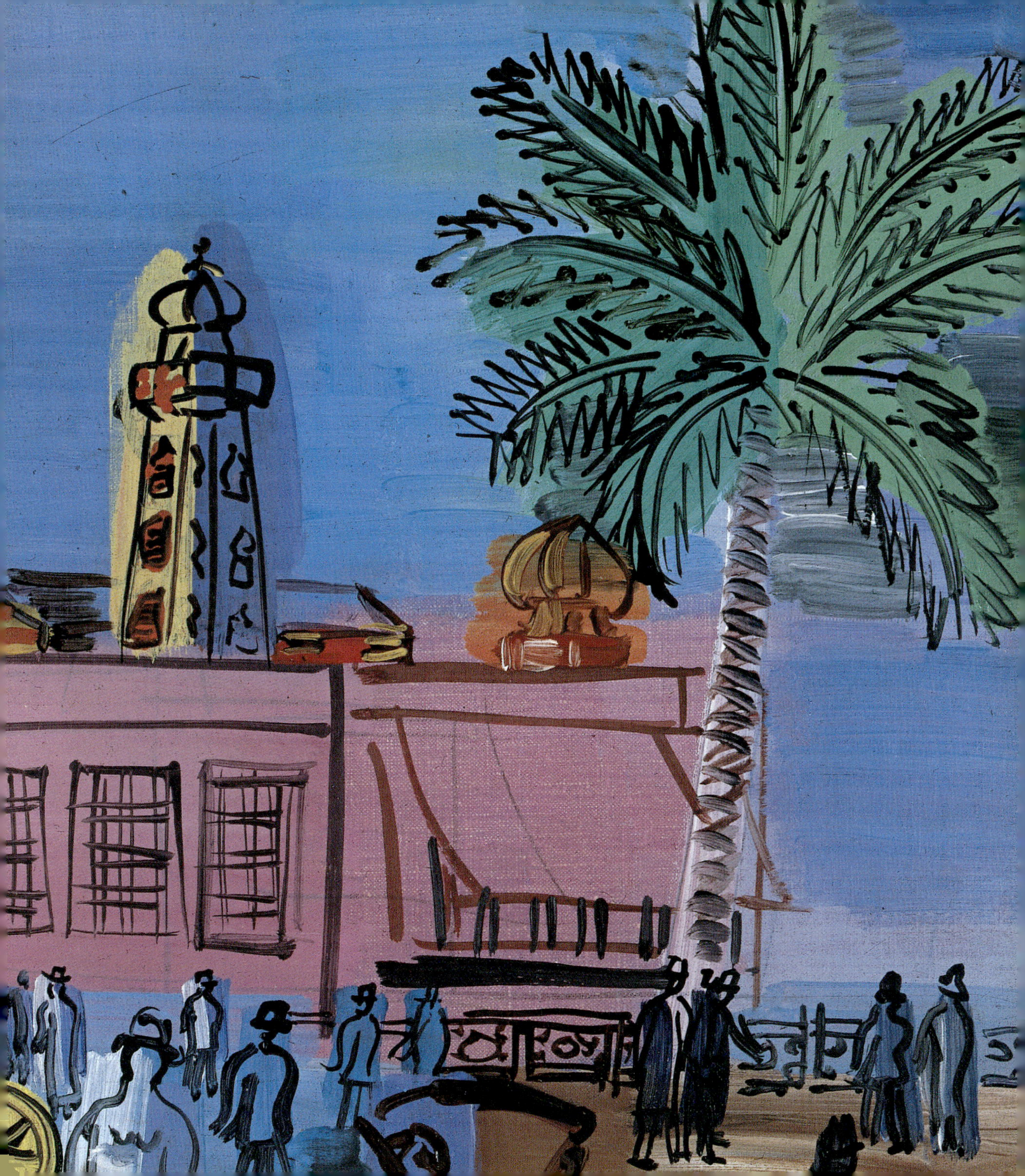

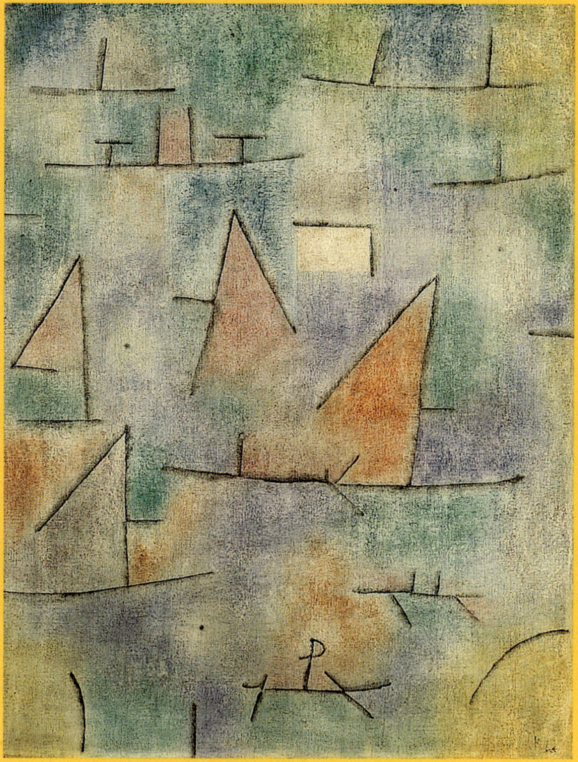

Klee

Paul Klee (1879-1940)
Port et voiliers, 1937
Huile sur toile, 80 cm x 60,5 cm
Paris, Collections du Centre Georges Pompidou/musée national d'Art moderne

...Il arrive que la représentation de la réalité soit réduite à sa plus simple expression : une ligne surmontée d'un triangle est un bateau à voile...

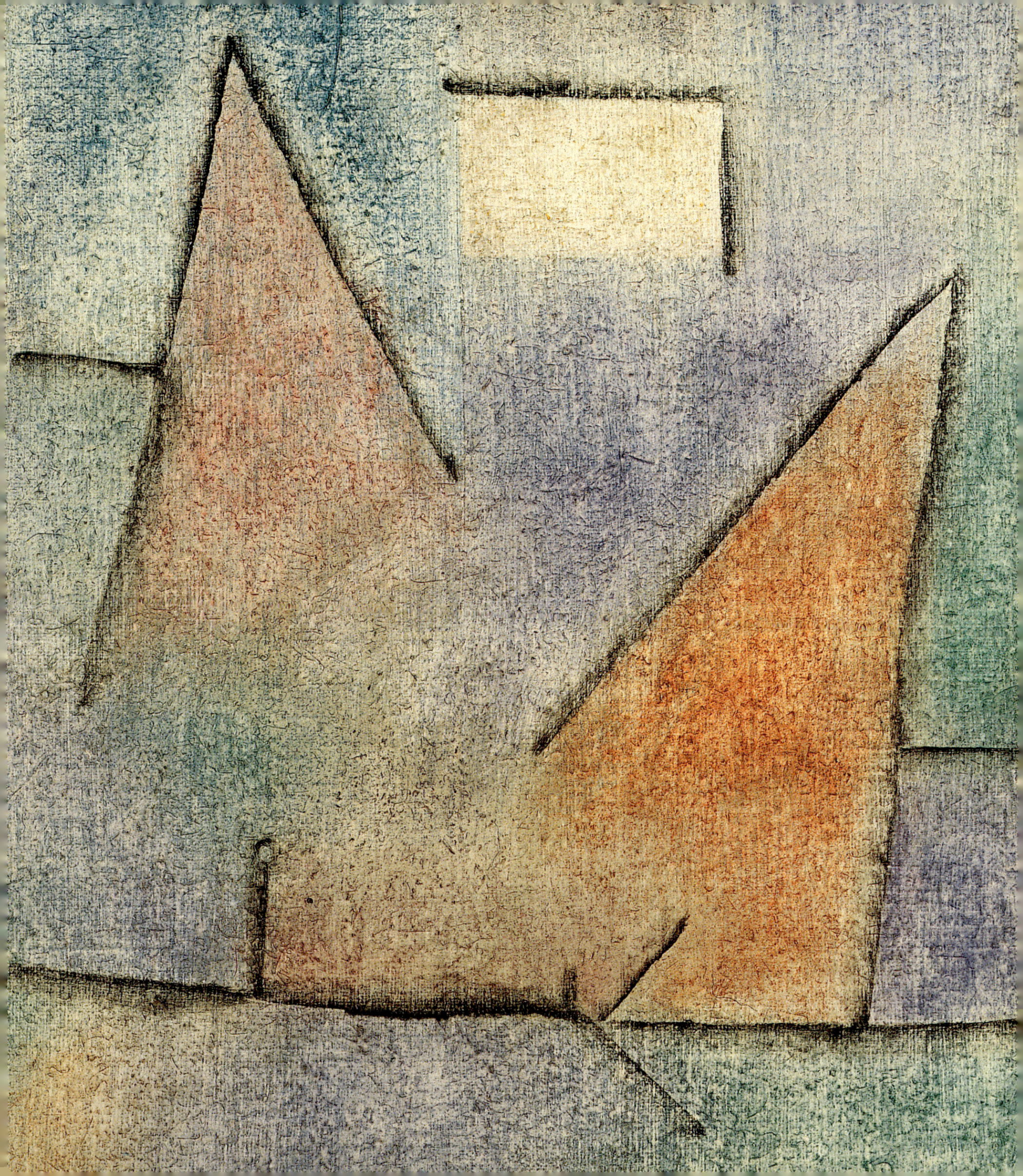

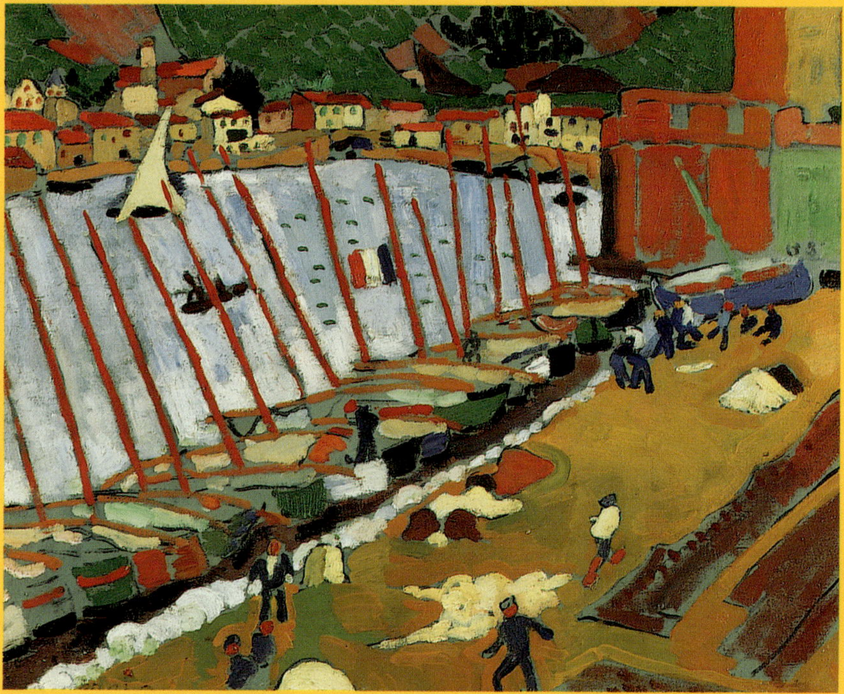

Derain

André Derain
(1880-1954)
Le Faubourg de Collioure, 1905
Huile sur toile,
59,5 cm x 73,2 cm
Paris, Collections du Centre Georges Pompidou/
musée national d'Art moderne

...À partir de 1905,
les fauves emploient des couleurs fortes,
pures et intenses...

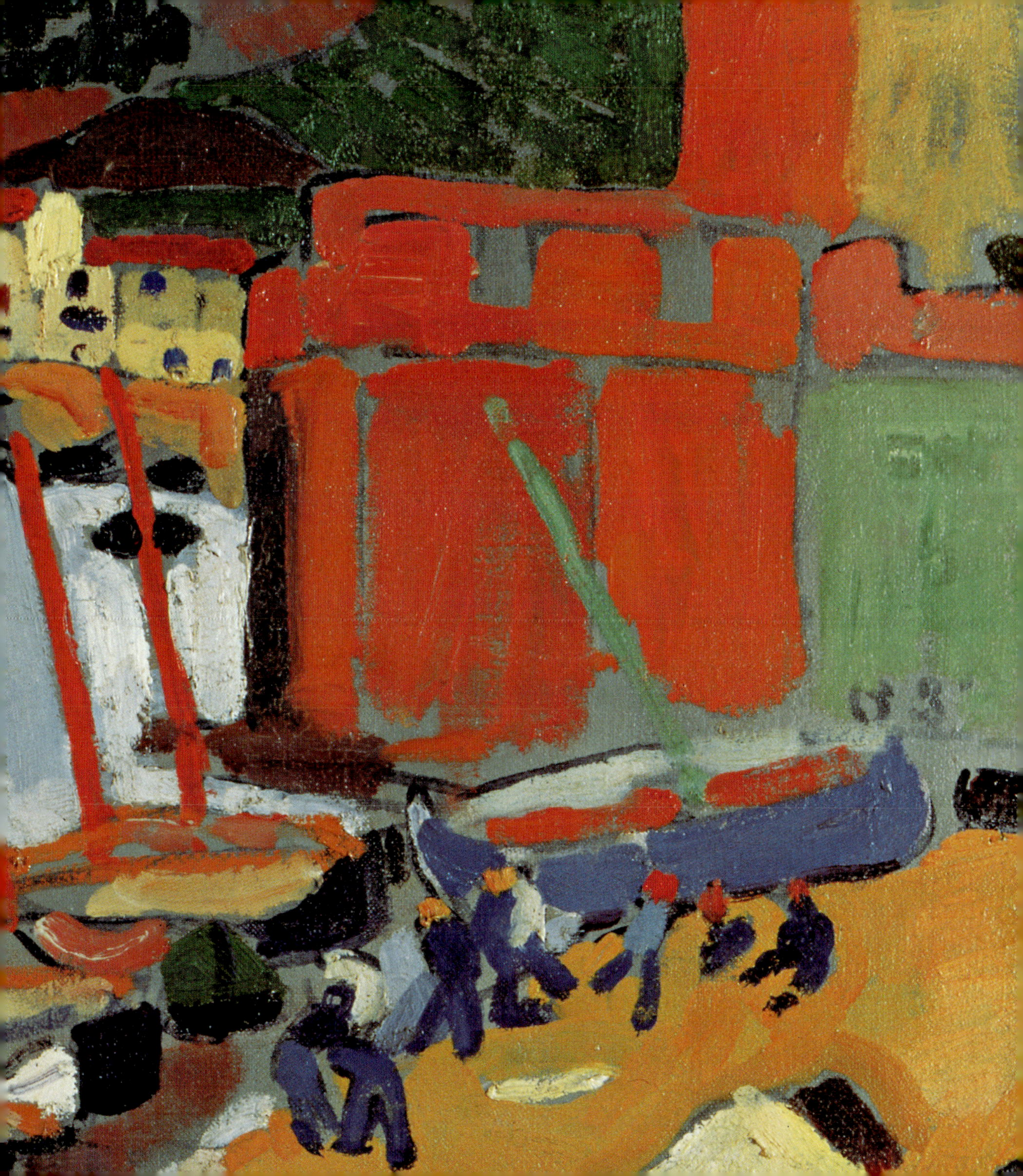

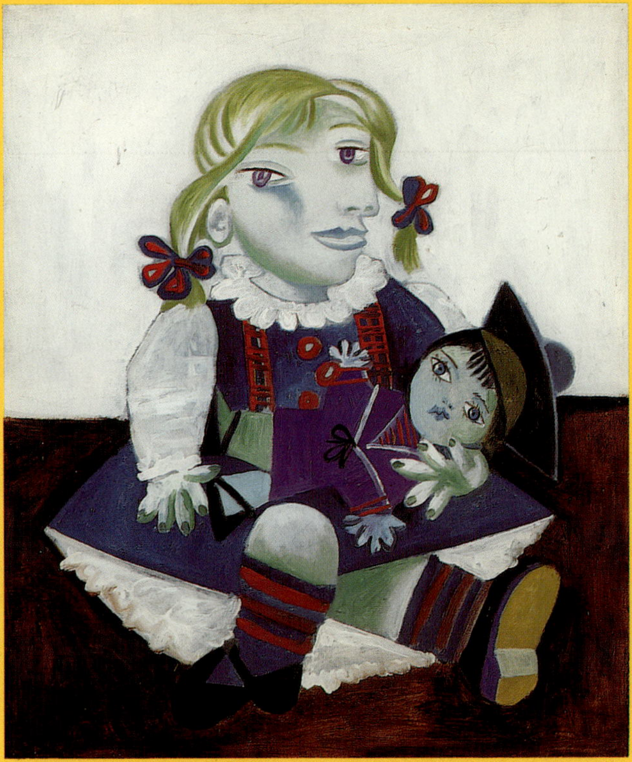

Picasso

Pablo Ruiz Picasso (1881-1973)
Maya à la poupée, 1938
Huile sur toile, 73,5 cm x 60 cm
Paris, musée Picasso

...Les cubistes, dès 1907,
peignent avec des formes éclatées : un portrait peut être représenté
à la fois de face et de profil...

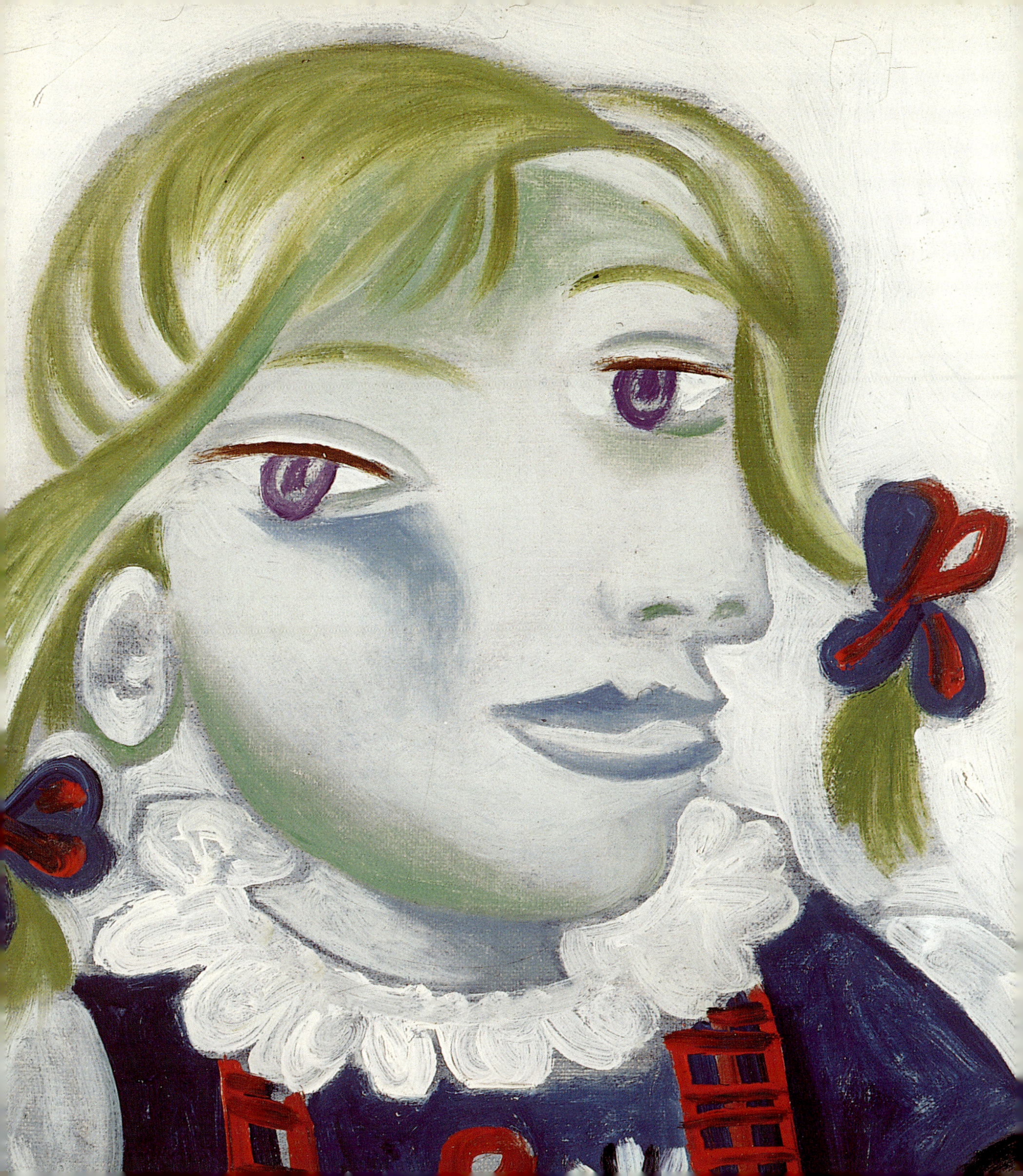

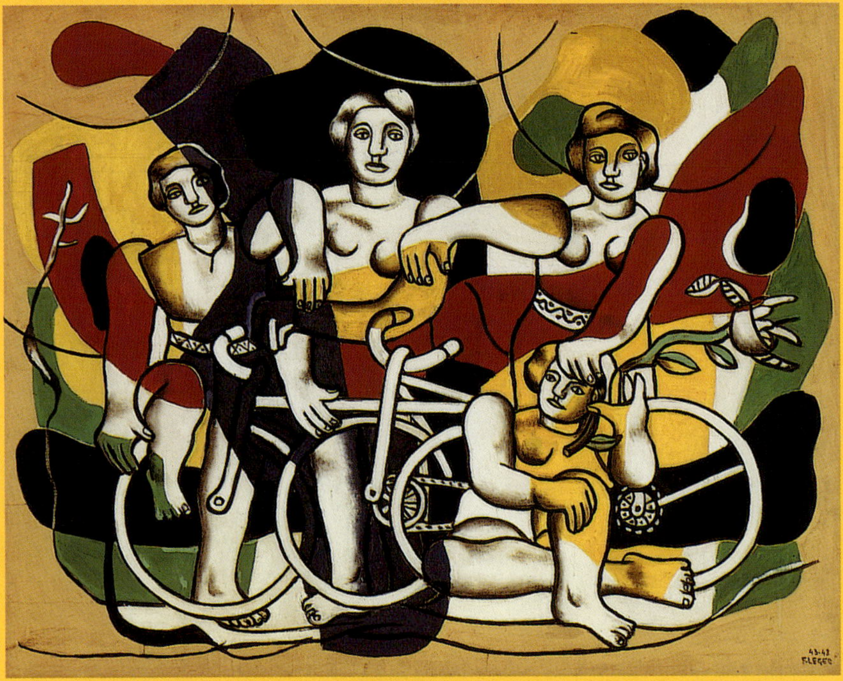

Léger

Fernand Léger (1881-1955)
Les Quatre Cyclistes, 1943-1948
Huile sur toile, 129 cm x 161,5 cm
Donation Nadia Léger et Georges Bauquier, 1969
Biot, musée national Fernand Léger

...Un dessin très vigoureux se superpose à la couleur et donne une grande force au tableau...

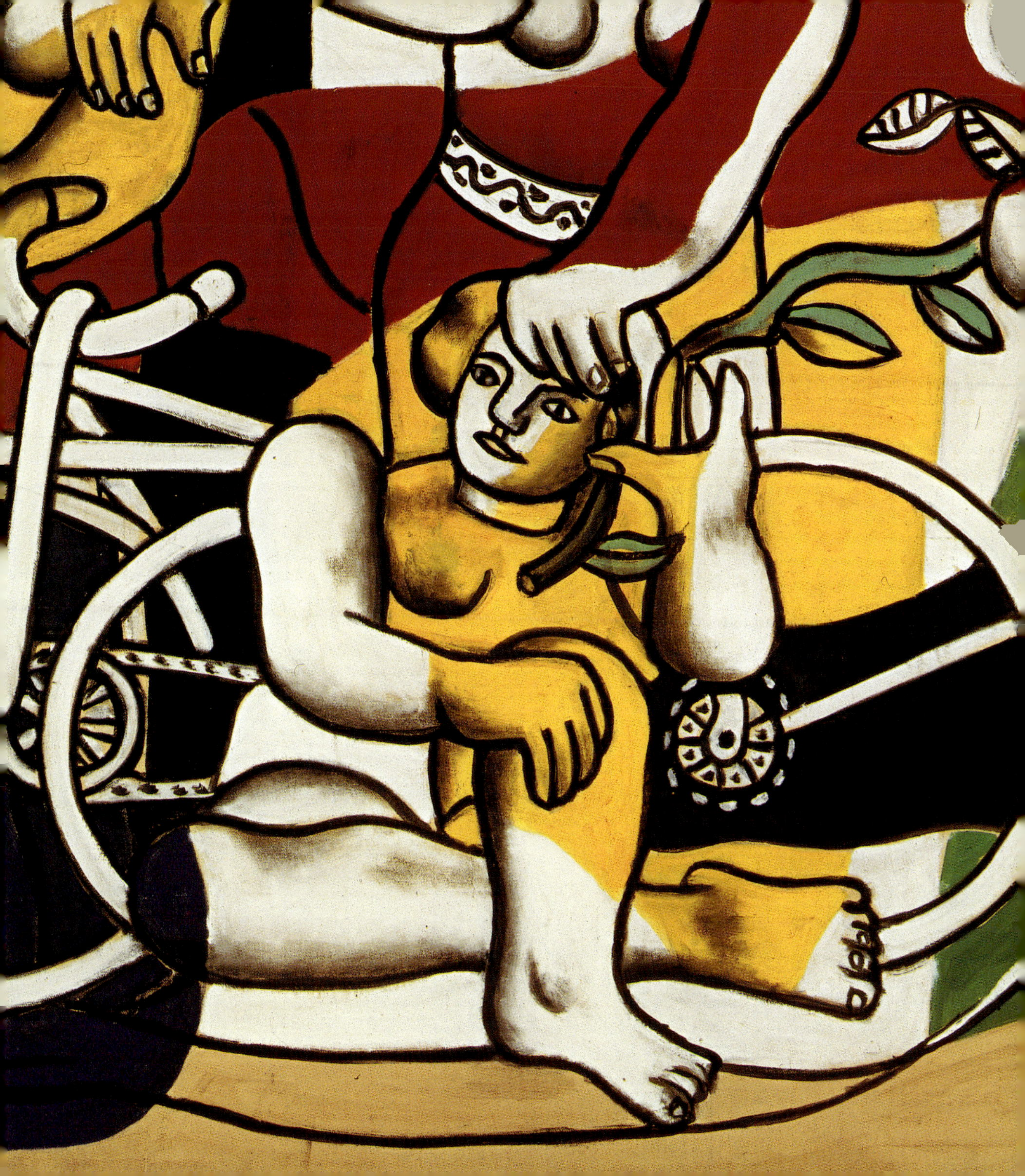

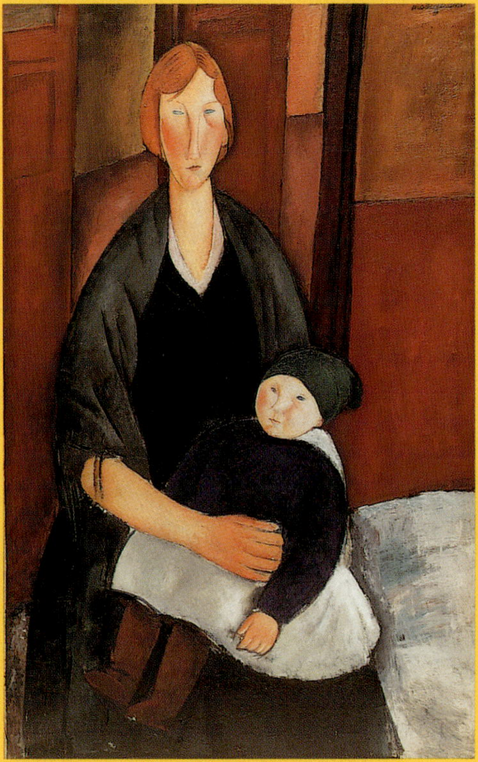

Modigliani

Amedeo Modigliani (1884-1920)
Maternité, 1919
Huile sur toile, 130 cm x 81 cm
Dépôt du musée national d'Art moderne, Centre Georges Pompidou, Paris,
au musée d'Art moderne de Lille Métropole, Villeneuve d'Ascq

*...Comme un coloriage,
le peintre a rempli chaque forme
qui compose son œuvre...*

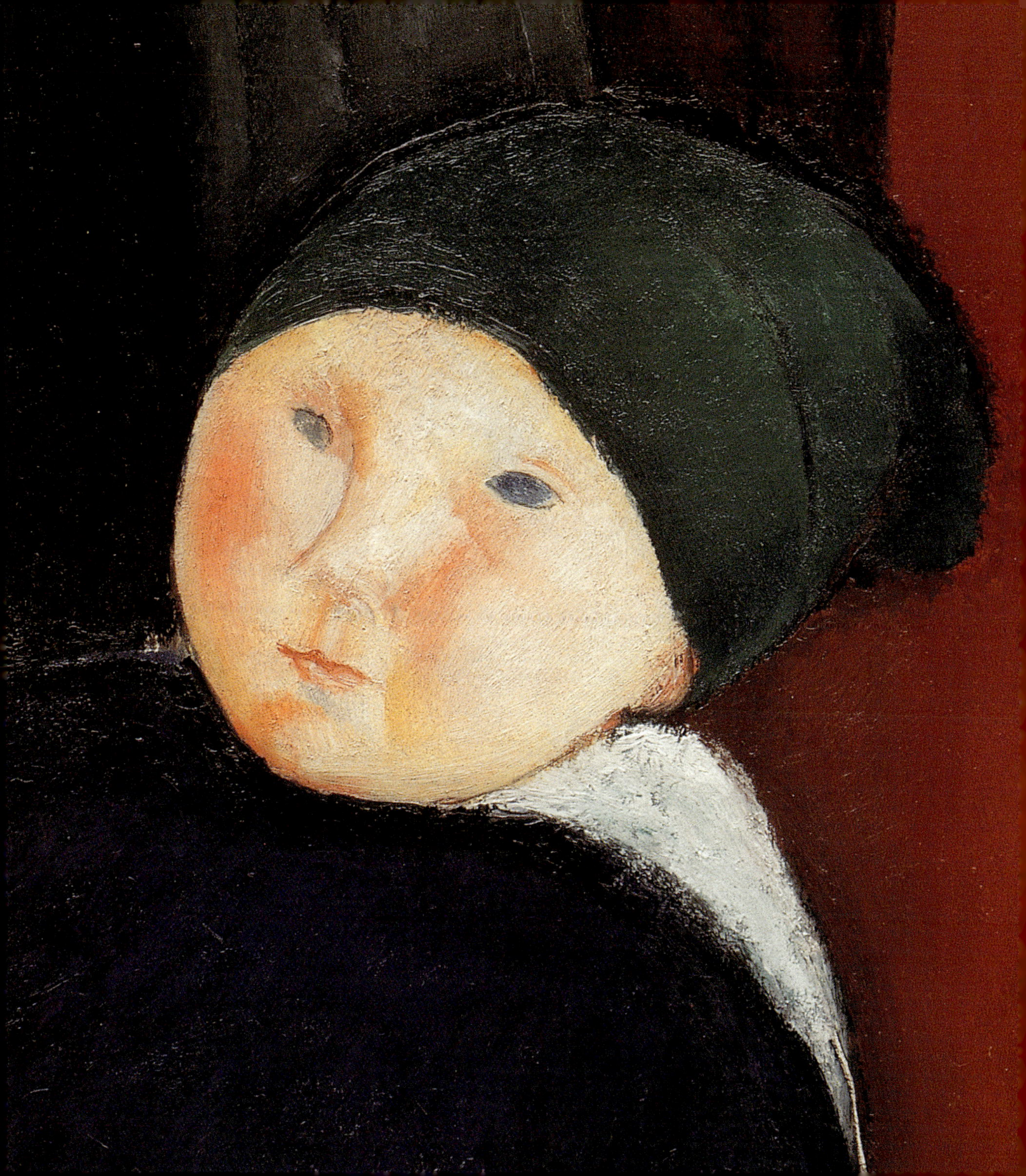

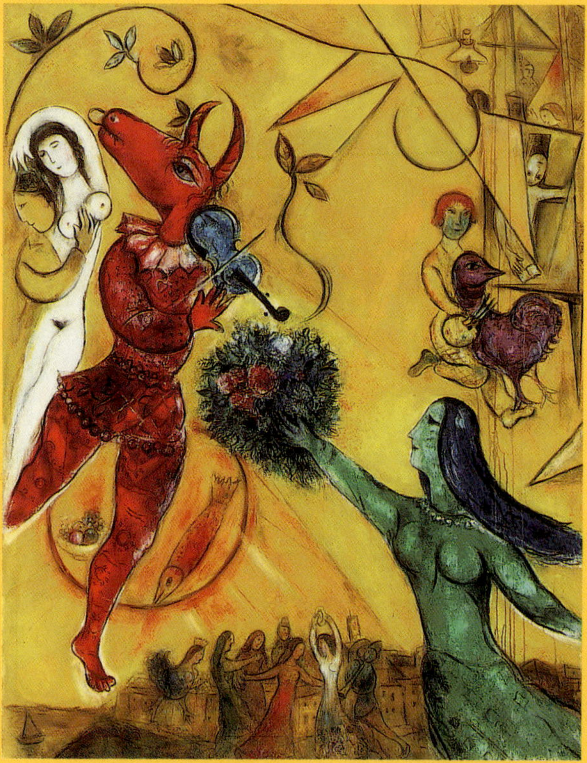

Chagall

Marc Chagall (1887-1985)
La Danse, 1950-1952
Huile sur toile de lin, 238 cm x 176 cm
Paris, Collections du Centre Georges Pompidou/musée national d'Art moderne

...Le choix des tonalités, la légèreté du dessin et du mouvement nous transportent dans la joie, la gaîté et la poésie de la toile...

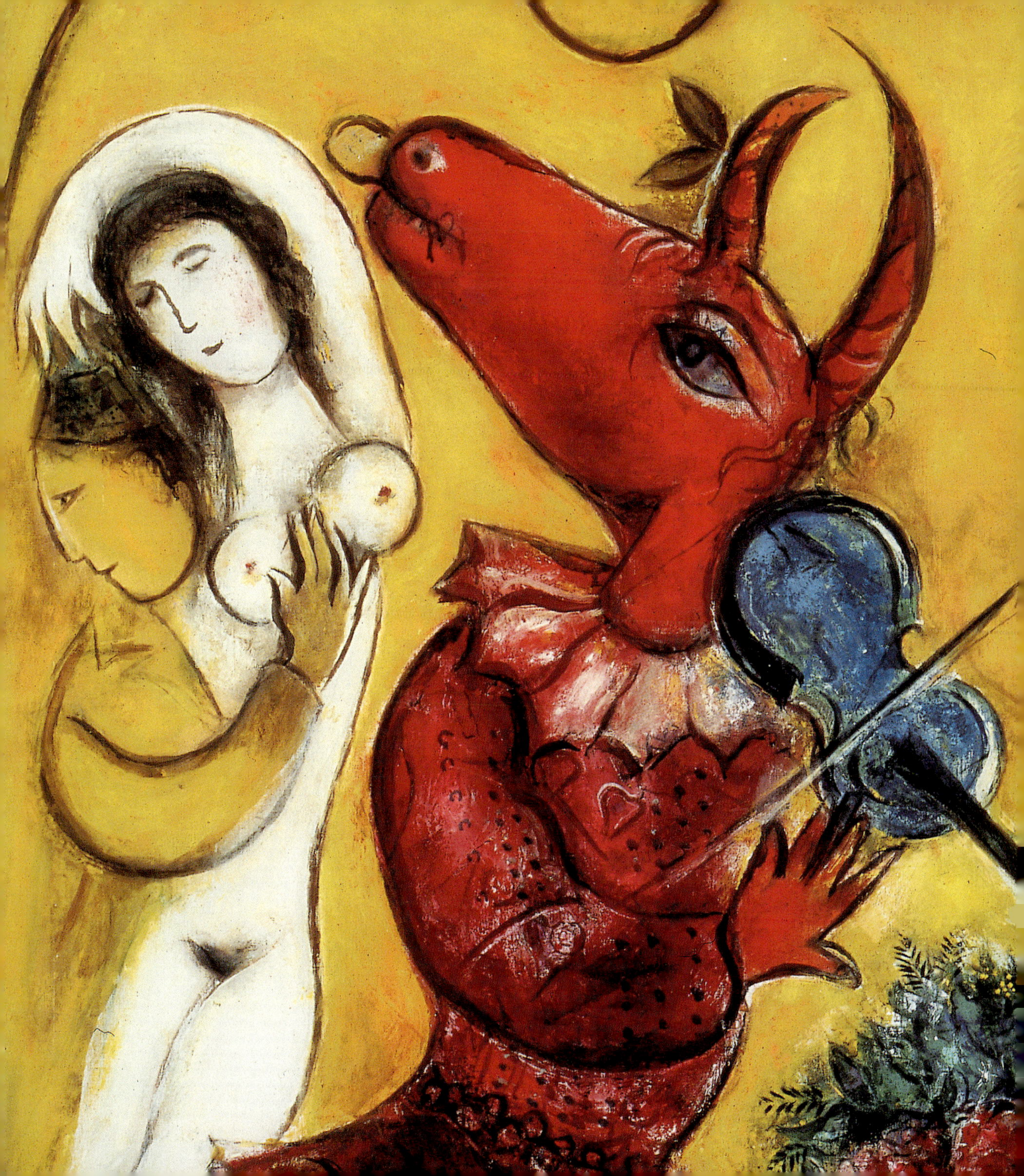

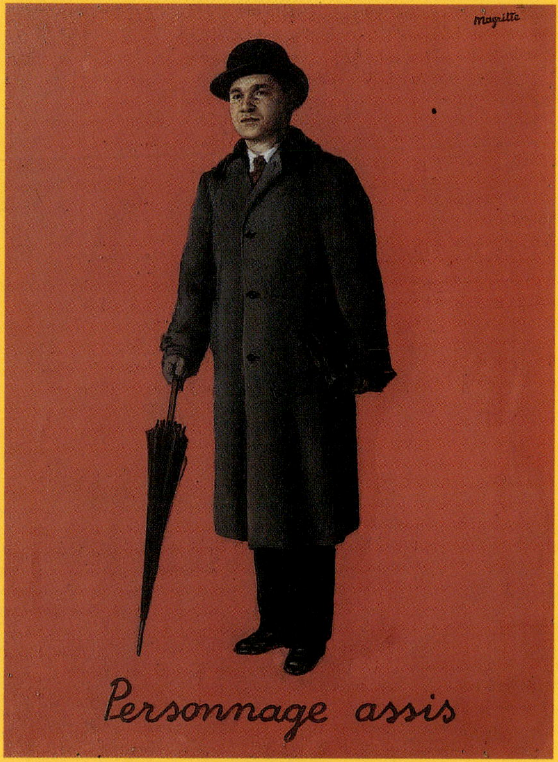

Magritte

René Magritte (1898-1967)
Le Bon exemple, 1953
Huile sur toile, 46,5 cm x 35,5 cm
Paris, Collections du Centre Georges Pompidou/musée national d'Art moderne

...Dès 1924, les surréalistes nourrissent leurs tableaux d'imaginaire, de rêve et d'humour...

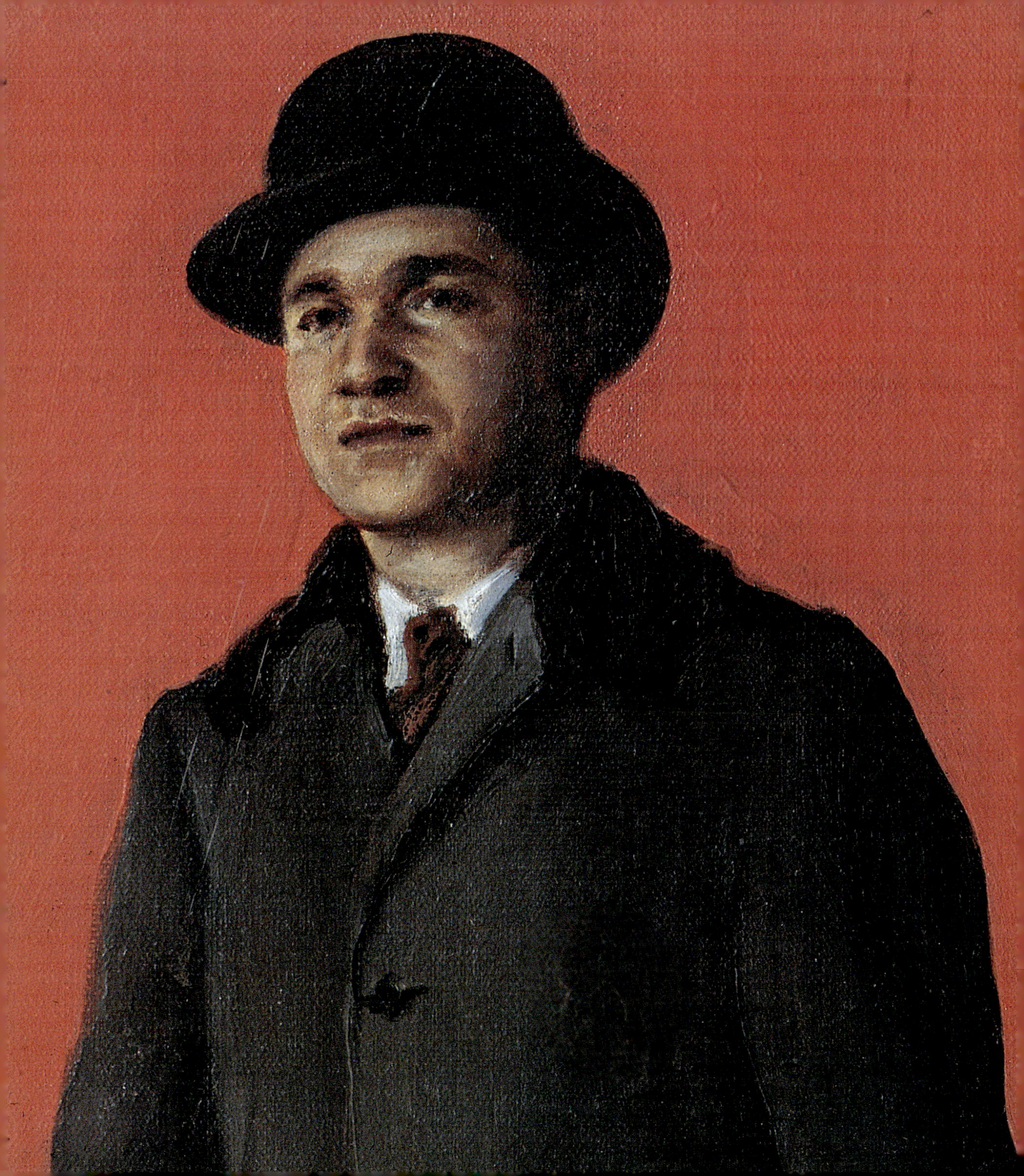

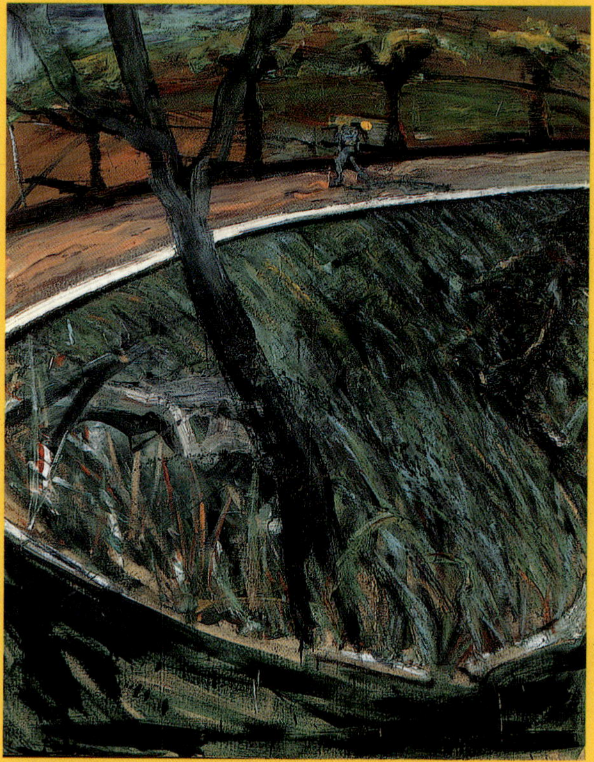

Bacon

Francis Bacon (1909-1992)
Van Gogh in a landscape, 1957
Huile sur toile, 153 cm x 120 cm
Paris, Collections du Centre Georges Pompidou/musée national d'Art moderne

...La peinture est une forme intuitive et singulière de l'activité de l'esprit. Chaque artiste développe sa propre expression et manie avec une ardeur impulsive ses pinceaux...

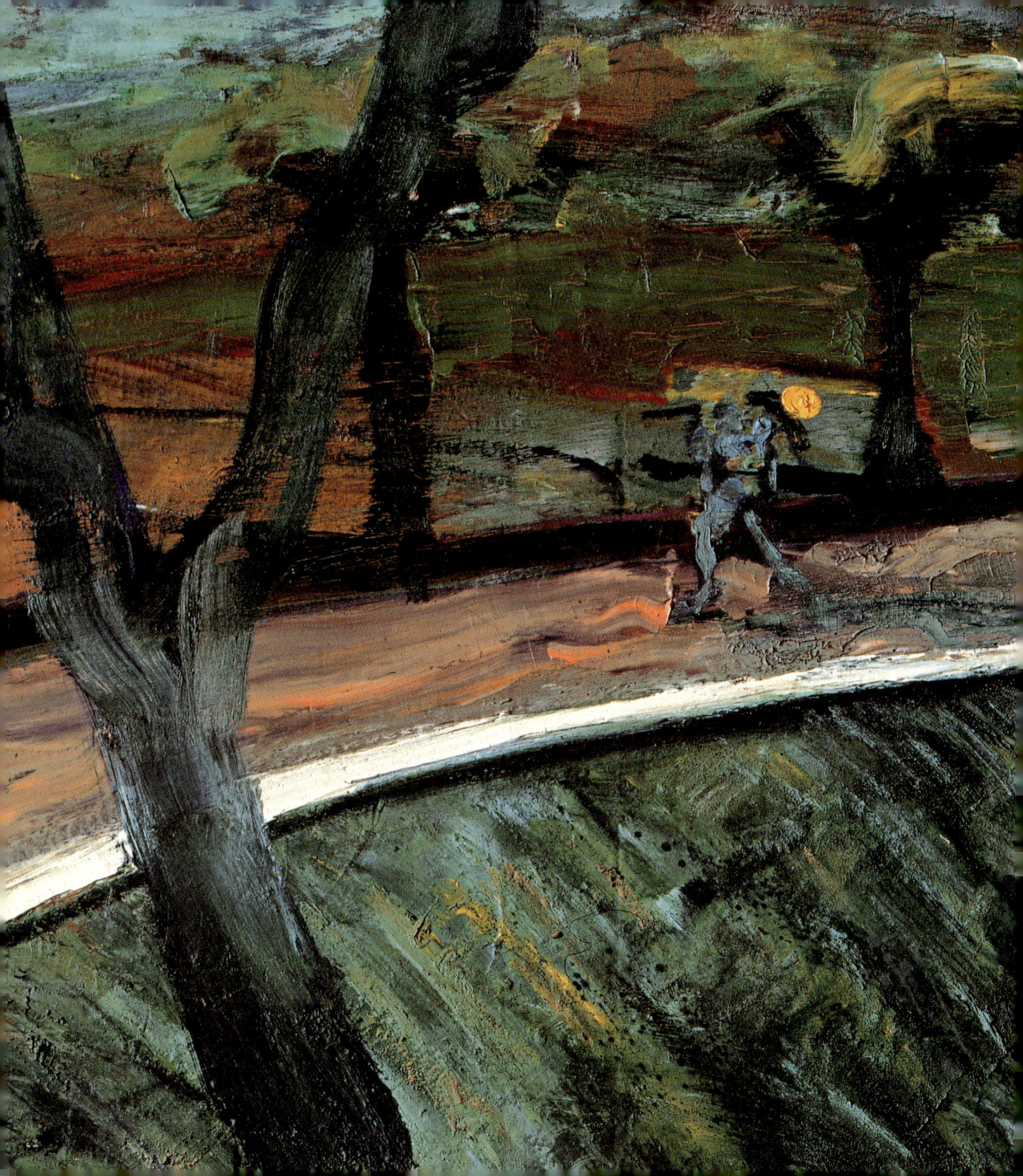

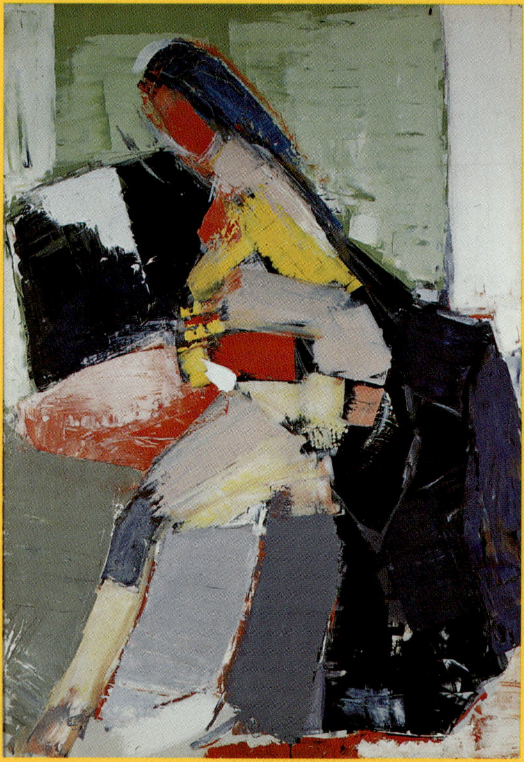

de Stael

Nicolas de Stael (1914-1955)
Portrait d'Anne, 1953
Huile sur toile, 130 cm x 90 cm
Colmar, Musée d'Unterlinden

...À la frontière du figuratif et de l'abstraction,
certains provoquent une heureuse
et étonnante sensation...

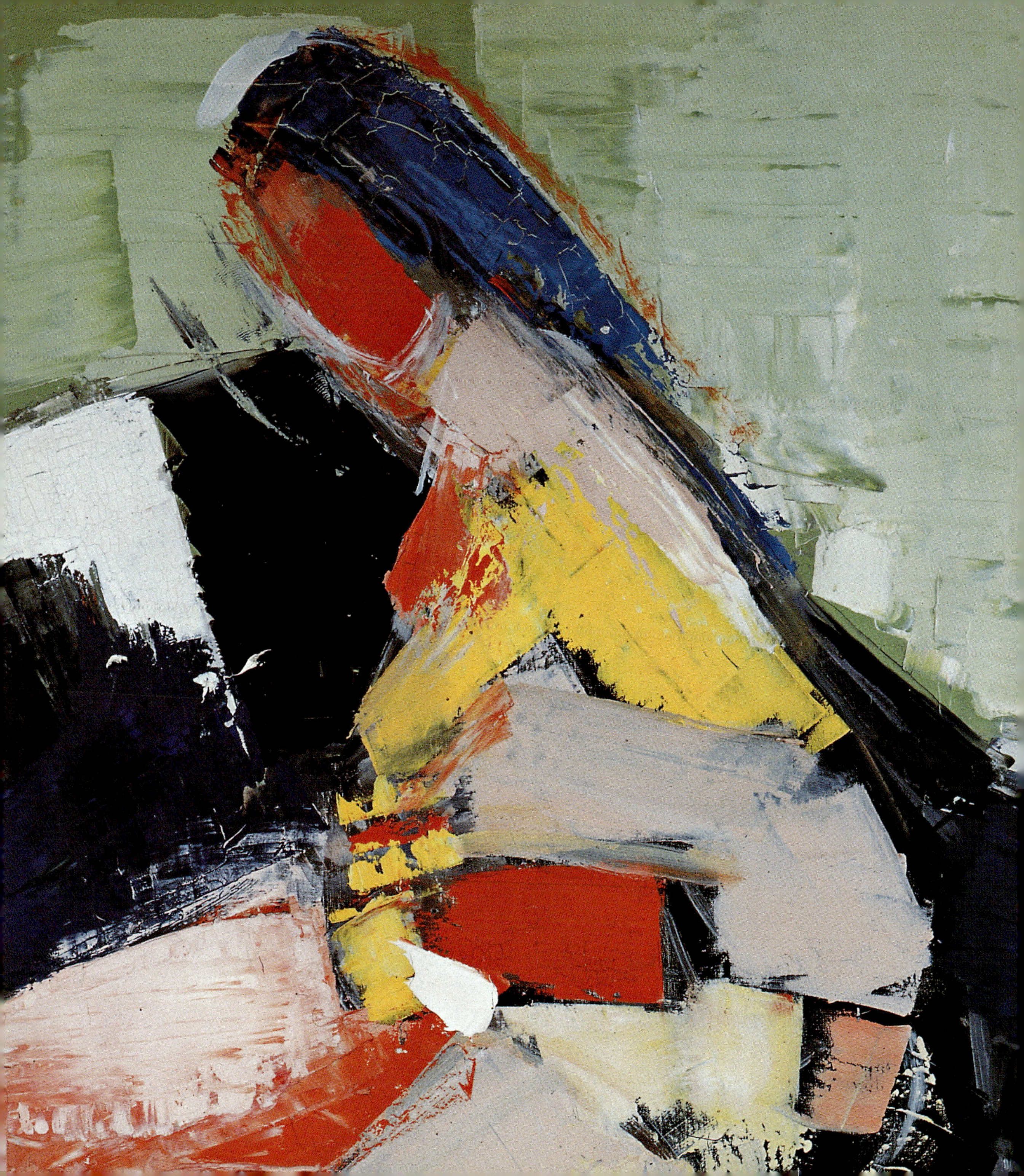

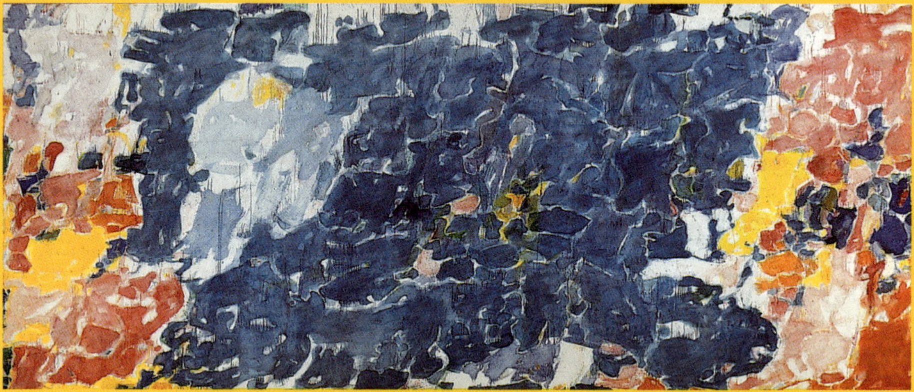

Francis

Sam Francis
(1923-1994)
In lovely blueness,
1955-1957
Huile sur toile,
300 cm x 701 cm
Paris, Collections du Centre Georges Pompidou/
musée national d'Art moderne

...Tandis que d'autres franchissent le pas et ne représentent plus la réalité : ils peignent des tableaux abstraits...

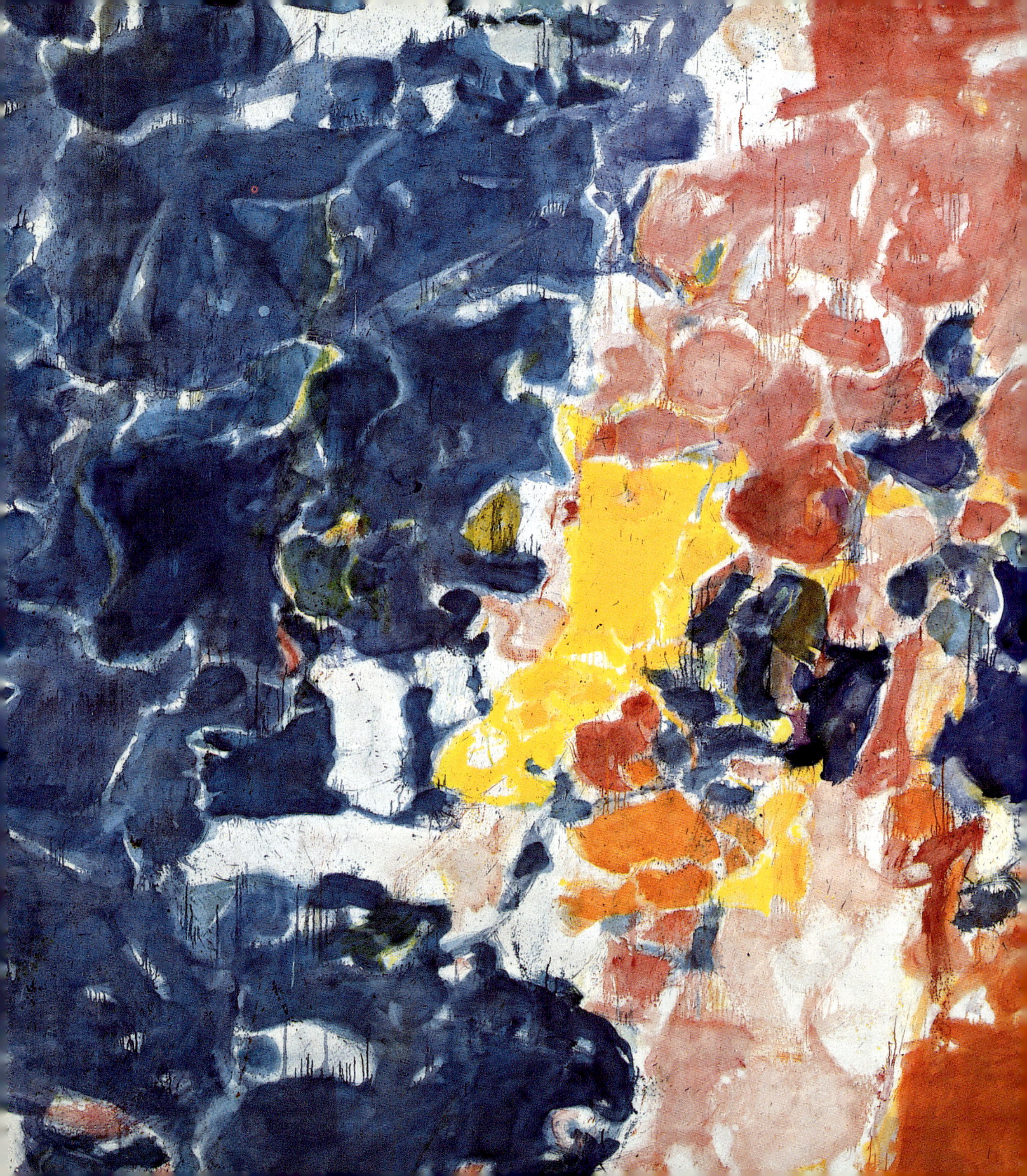

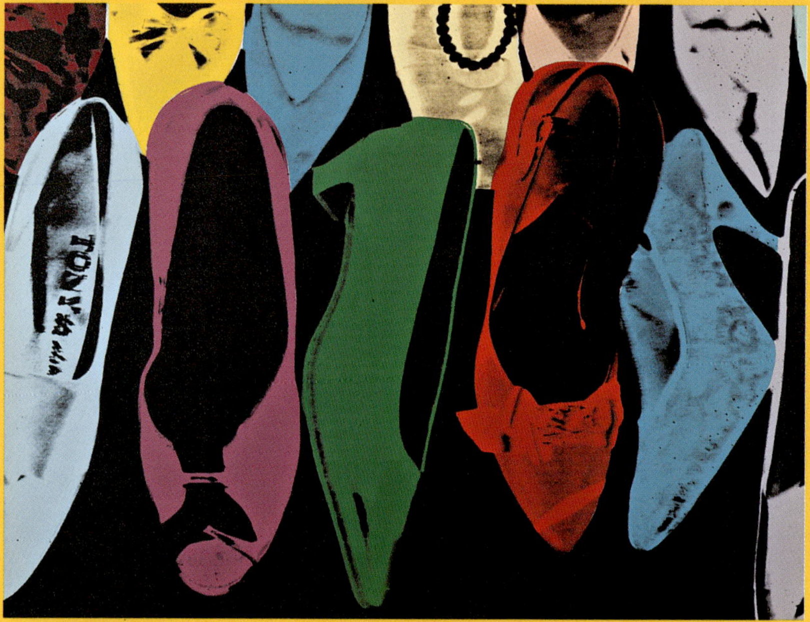

Warhol

Andy Warhol
(1931-1987)
Chaussures à la poussière de diamant, 1980
Acrylique et sérigraphie avec poussière de diamant sur toile,
178 cm x 229 cm
Collection privée,
dépôt au musée d'Art moderne de Saint-Étienne

...Aujourd'hui, les artistes utilisent la peinture acrylique. Ils emploient toute sorte d'outils et de matériaux, parfois même de la poussière de diamant, pour exprimer d'uniques émotions picturales.

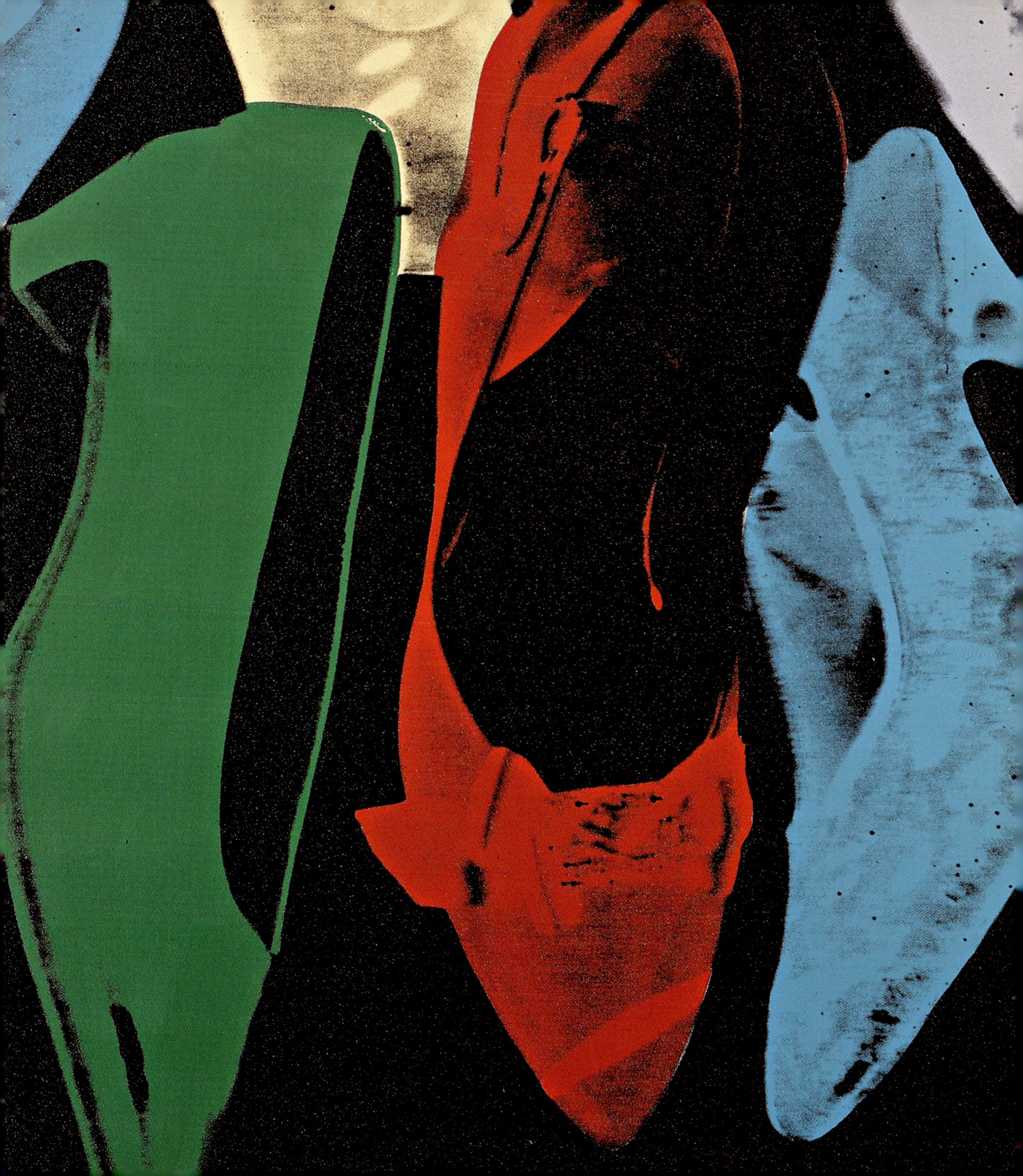

Table des matières

Du Ier au Ve siècle, **la Gaule romaine,** *p. 2*

Du Ve au Xe siècle, **le haut Moyen Âge,** *p. 12*

Du Xe au XIIe siècle, **le Moyen Âge roman,** *p. 22*

Du XIIe au XVe siècle, **le Moyen Âge gothique,** *p. 32*

Du XVe au XVIe siècle, **la Renaissance,** *p. 48*

Le XVIIe siècle, **le Grand Siècle,** *p. 72*

le XVIIIe siècle, **le Siècle des Lumières,** *p. 94*

Le XIXe siècle, *p. 108*

Le XXe siècle, *p. 132*

Index des artistes

Arcimboldo, Giuseppe, *p. 66*

Bacon, Francis, *p. 156*
Bartolo, Taddeo di, *p. 36*
Beatus de Liebana, *p. 26*
Bondone, Giotto di, *p. 34*
Bonnard, Pierre, *p. 136*
Botticelli, Alessandro Filipepi dit, *p.* 50
Boucher, François, *p.102*
Brueghel, Pieter II, *p. 70*

Campin, Robert, *p. 38*
Canaletto, Antonio, *p. 98*
Caravage, Michelangelo Merisi dit, *p. 74*
Carpaccio, Vittore, *p. 54*
Cézanne, Paul, *p. 122*
Chagall, Marc, *p. 152*
Chardin, Jean-Baptiste Siméon, *p. 100*
Clouet, Jean, *p. 64*
Cranach l'ancien, Lucas, *p. 58*

Degas, Edgar, *p.120*
Delacroix, Eugène, *p. 116*
Derain, André, *p. 144*
Dufy, Raoul, *p. 140*

Francis, Sam, *p. 160*

Gauguin, Paul, *p. 128*
Géricault, Théodore, *p. 112*
Goya, Francisco, *p. 110*

Ingres, Jean-Auguste, *p. 114*

Kandinsky, Vassily, *p. 134*
Klee, Paul, *p. 142*

La Tour, Georges de, *p. 78*
Le Brun, Charles, *p. 90*

Léger, Fernand, *p. 148*
Le Nain, Antoine, Louis et Mathieu, *p. 82*
Limbourg, Jean de, *p. 40*

Magritte, René, *p. 154*
Manet, Edouard, *p.118*
Matisse, Henri, *p. 138*
Metsys, Quentin, *p. 56*
Modigliani, Amedeo, *p. 150*
Moillon, Louise, *p. 88*
Monet, Claude, *p. 124*

Patinir ou Patenier, Joachim, *p. 60*
Picasso, Pablo Ruiz, *p. 146*
Poussin, Nicolas, *p. 80*

Quarton, Enguerrand, *p. 46*

Raphaël, Raffaello Santi dit, *p. 62*
Rembrandt, Harmensz van Rijn Rembrandt dit, *p. 86*
Renoir, Pierre-Auguste, *p. 126*
Rubens, Pierre Paul, *p. 76*

Stael, Nicolas de, *p. 158*

Tiepolo, Gian Domenico, *p. 106*

Van der Weyden, Roger, *p. 44*
Van Eyck, Jan, *p. 42*
Van Gogh, Vincent, *p. 130*
Véronèse, Paolo Caliari dit, *p. 68*
Vermeer, Johannes, *p. 92*
Vernet, Claude Joseph, *p. 104*
Vinci, Léonard de, *p. 52*

Warhol, Andy, *p. 162*
Watteau, Jean-Antoine, *p. 96*

Zurbaran, Francisco de, *p. 84*

Crédits photographiques

Arras, musée des Beaux-Arts, photo H. Maertens, *p. 70*

Chantilly, musée Condé, photo Giraudon, *p. 40*

Colmar, musée d'Unterlinden, © photo O. Zimmermann, *p. 58, p. 158*

Dijon, musée des Beaux-Arts, *p. 38*

Lyon, musée des Beaux-Arts, *p. 128*

Narbonne, musée archéologique, photo C. C. Jullian Chéné et Foliot, *p. 10* ; photo Jean Lepage, *p. 8*

Orléans, musée des Beaux-Arts, *p. 82*

Paris, Bibliothèque nationale de France, département des manuscrits, *p. 14, p. 16, p. 18, p. 20, p. 26*

Paris, cliché photothèque des Collections,
du Centre Georges Pompidou/musée national d'Art moderne,
photo Philippe Migeat, *p. 134, p. 136, p. 138, p. 142, p. 144, p. 152, p. 154, p. 156, p. 160*

© Photothèque des musées de la ville de Paris, *p. 140*

© Paris, Réunion des musées nationaux, *p. 68, p. 102, p. 104, p. 118*
photo Daniel Arnaudet, *p. 35, p. 50, p. 56, p. 60, p. 80, p. 84, p. 88, p. 112*
photo J. G. Berizzi, *p. 62, p. 66, p. 98* ; photo P. Bernard, *p. 110*
photo Gérard Blot, *p. 6, p. 34, p. 54, p. 74, p. 96, p. 130, p. 148*
photo Hervé Lewandowski, *p. 4, p. 42, p. 64, p. 76, p. 78, p. 90, p. 100, p. 114 p. 122, p. 124, p. 126*
photo R. G. Ojeda, *p. 36, p. 52, p. 92, p. 146* ; photo Jean Schormans, *p. 86, p. 106, p. 116, p. 120*

Rouen, Bibliothèque municipale, photo Didier Tragin/Catherine Lancien, *p. 24*

Saint-Étienne, musée d'Art moderne, *p. 162*

Saint-Savin sur Gartempe, Abbaye de Saint-Savin, photo M. Deneyer/C.I.A.M, *p. 28*

Valenciennes, Bibliothèque municipale, photo F. Leclercq, *p. 30*

Villeneuve d'Ascq, musée d'Art moderne, photo Philip Bernanrd, *p. 150*

Villeneuve-lez-Avignon, musée Pierre de Luxembourg, photo DASPET, *p. 46*

Couverture :
Pierre Bonnard
détail de *l'Atelier aux mimosas*
Paris, Collections du Centre Georges Pompidou/musée national d'Art moderne

Publication du département de l'édition
dirigé par Catherine Marquet

Coordination éditoriale
Josette Grandazzi

Fabrication
Jacques Venelli

Documentation photographique
Philippe Couton, Vladana Jonquet,
Frédérique Kartouby, Caroline de Lambertye,

Conception graphique et maquette
Joëlle Leblond

Les textes ont été composés
en New Baskerville

Les illustrations ont été gravées
par Graphic Service, Milan

Cet ouvrage a été achevé d'imprimer
sur les presses de l'imprimerie Graphicom,
Vérone, en mars 2005.

Le façonnage a été réalisé également
par Graphicom

Premier dépôt légal: septembre 2000
Deuxième réimpression
Dépôt légal : mars 2005
ISBN : 2-7118-3905-2
JA 10 3905